调 吊

总主编 金兴盛

浙江省非物质文化遗产代表作丛书

浙江摄影出版社

杨志强 主编

金光侠 俞斌

魏兴海 编著

总　序

中共浙江省委书记
省人大常委会主任　夏宝龙

非物质文化遗产是人类历史文明的宝贵记忆，是民族精神文化的显著标识，也是人民群众非凡创造力的重要结晶。保护和传承好非物质文化遗产，对于建设中华民族共同的精神家园、继承和弘扬中华民族优秀传统文化、实现人类文明延续具有重要意义。

浙江作为华夏文明发祥地之一，人杰地灵，人文荟萃，创造了悠久璀璨的历史文化，既有珍贵的物质文化遗产，也有同样值得珍视的非物质文化遗产。她们博大精深，丰富多彩，形式多样，蔚为壮观，千百年来薪火相传，生生不息。这些非物质文化遗产是浙江源远流长的优秀历史文化的积淀，是浙江人民引以自豪的宝贵文化财富，彰显了浙江地域文化、精神内涵和道德传统，在中华优秀历史文明中熠熠生辉。

人民创造非物质文化遗产，非物质文化遗产属于人民。为传承我们的文化血脉，维护共有的精神家园，造福子孙后代，我们有责任进一步保护好、传承好、弘扬好非物质文化遗产。这不仅是一种文化自觉，是对人民文化创造者的尊重，更是我们必须担当和完成好的历史使命。对我省列入国家级非物质文化遗产保护名录的项目一项一册，编纂"浙江省非物质文化遗产代表作丛书"，就是履行保护传承使命的具体实践，功在当代，惠及后世，有利于群众了解过去，以史为鉴，对优秀传统文化更加自珍、自爱、自觉；有利于我们面向未来，砥砺勇气，以自强不息的精神，加快富民强省的步伐。

党的十七届六中全会指出，要建设优秀传统文化传承体系，维护民族文化基本元素，抓好非物质文化遗产保护传承，共同弘扬中华优秀传统文化，建设中华民族共有的精神家园。这为非物质文化遗产保护工作指明了方向。我们要按照"保护为主、抢救第一、合理利用、传承发展"的方针，继续推动浙江非物质文化遗产保护事业，与社会各方共同努力，传承好、弘扬好我省非物质文化遗产，为增强浙江文化软实力、推动浙江文化大发展大繁荣作出贡献！

（本序是夏宝龙同志任浙江省人民政府省长时所作）

前 言

浙江省文化厅厅长 金兴盛

　　国务院已先后公布了三批国家级非物质文化遗产名录,我省荣获"三连冠"。国家级非物质文化遗产项目,具有重要的历史、文化、科学价值,具有典型性和代表性,是我们民族文化的基因、民族智慧的象征、民族精神的结晶,是历史文化的活化石,也是人类文化创造力的历史见证和人类文化多样性的生动展现。

　　为了保护好我省这些珍贵的文化资源,充分展示其独特的魅力,激发全社会参与"非遗"保护的文化自觉,自2007年始,浙江省文化厅、浙江省财政厅联合组织编撰"浙江省非物质文化遗产代表作丛书"。这套以浙江的国家级非物质文化遗产名录项目为内容的大型丛书,为每个"国遗"项目单独设卷,进行生动而全面的介绍,分期分批编撰出版。这套丛书力求体现知识性、可读性和史料性,兼具学术性。通过这一形式,对我省"国遗"项目进行系统的整理和记录,进行普及和宣传;通过这套丛书,可以对我省入选"国遗"的项目有一个透彻的认识和全面的了解。做好优秀传统文化的宣传推广，为弘扬中华优秀传统文化贡献一份力量，这是我们编撰这套丛书的初衷。

地域的文化差异和历史发展进程中的文化变迁，造就了形形色色、别致多样的非物质文化遗产。譬如穿越时空的水乡社戏，流传不绝的绍剧，声声入情的畲族民歌，活灵活现的平阳木偶戏，奇雄慧黠的永康九狮图，淳朴天然的浦江麦秆剪贴，如玉温润的黄岩翻簧竹雕，情深意长的双林绫绢织造技艺，一唱三叹的四明南词，意境悠远的浙派古琴，唯美清扬的临海词调，轻舞飞扬的青田鱼灯，势如奔雷的余杭滚灯，风情浓郁的畲族三月三，岁月留痕的绍兴石桥营造技艺，等等，这些中华文化符号就在我们身边，可以感知，可以赞美，可以惊叹。这些令人叹为观止的丰厚的文化遗产，经历了漫长的岁月，承载着五千年的历史文明，逐渐沉淀成为中华民族的精神性格和气质中不可替代的文化传统，并且深深地融入中华民族的精神血脉之中，积淀并润泽着当代民众和子孙后代的精神家园。

岁月更迭，物换星移。非物质文化遗产的璀璨绚丽，并不意味着它们会永远存在下去。随着经济全球化趋势的加快，非物质文化遗产的生存环境不断受到威胁，许多非物质文化遗产已经斑驳和脆弱，假如这个传承链在某个环节中断，它们也将随风飘逝。尊重历史，珍爱先人的创造，保护好、继承好、弘扬好人民群众的天才创造，传承和发展祖国的优秀文化传统，在今天显得如此迫切，如此重要，如此有意义。

非物质文化遗产所蕴含着的特有的精神价值、思维方式和创造能力，以一种无形的方式承续着中华文化之魂。浙江共有国家级非物质文化遗产项目187项，成为我国非物质文化遗产体系中不可或缺的重要内容。第一批"国遗"44个项目已全部出书；此次编撰出版的第二批"国遗"85个项目，是对原有工作的一种延续，将于2014年初全部出版；我们已部署第三批"国遗"58个项目的编撰出版工作。这项堪称工程浩大的工作，是我省"非遗"保护事业不断向纵深推进的标识之一，也是我省全面推进"国遗"项目保护的重要举措。出版这套丛书，是延续浙江历史人文脉络、推进文化强省建设的需要，也是建设社会主义核心价值体系的需要。

在浙江省委、省政府的高度重视下，我省坚持依法保护和科学保护，长远规划、分步实施，点面结合、讲求实效。以国家级项目保护为重点，以濒危项目保护为优先，以代表性传承人保护为核心，以文化传承发展为目标，采取有力措施，使非物质文化遗产在全社会得到确认、尊重和弘扬。由政府主导的这项宏伟事业，特别需要社会各界的携手参与，尤其需要学术理论界的关心与指导，上下同心，各方协力，共同担负起保护"非遗"的崇高责任。我省"非遗"事业蓬勃开展，呈现出一派兴旺的景象。

　　"非遗"事业已十年。十年追梦，十年变化，我们从一点一滴做起，一步一个脚印地前行。我省在不断推进"非遗"保护的进程中，守护着历史的光辉。未来十年"非遗"前行路，我们将坚守历史和时代赋予我们的光荣而艰巨的使命，再坚持，再努力，为促进"两富"现代化浙江建设，建设文化强省，续写中华文明的灿烂篇章作出积极贡献！

2013年11月20日

目录

历史文化名城绍兴是闻名海内外的古越文化的发祥地,自古以来都被世人视为钟灵毓秀、藏龙卧虎的祥瑞之地。柔美的鉴湖水和雄伟的会稽山完美结合,孕育了其深厚的人文底蕴,影响并催生了绍兴人民崇文尚武的历史风韵。纵览绍兴历代古籍,角抵、相扑、投射、龙舟竞渡、蹴鞠、武术等杂技与竞技名目繁多,"调吊"就是其中极具本土性和代表性的一个国家级非物质文化遗产代表作项目。

调吊既能以杂技表演的形式出现在庙会活动中,也能以民间体育的形式在运动场上进行表演,同时,还是绍兴目连戏中的经典节目,称为"男吊"或"七十二吊"。鲁迅在《女吊》一文中,对"男吊"作了传神的记录。调吊表演的传播与目连戏的普及有着很大的关系,绍兴目连戏中的《男吊》、《女吊》和《无常》是最受人民大众欢迎,也是最具地域特色的经典节目,后来得到广泛的传播和发扬。历史上,金氏调吊世家,浙江绍剧团、新昌调腔剧团的专业演员,上虞、嵊州、新昌等地的民间艺人为调吊技艺的传播、传承起到了积极作用。

调吊这门古老技艺传承至今,凝结着绍兴调吊艺人们的心血。绍兴调吊技艺历史上声名远播:有鲁迅看到金阿祥"男吊"表演后的传神描写;有金寿康在1953年全国民族形式体育表演及竞赛大会荣获的金质奖章;有周恩来总理"要把调吊学过来"的谆谆教诲;有贺龙元帅的特别嘉奖等诸多殊荣，这一切无不记录了调吊这门技艺的光辉历程。然而，世代变迁，调吊的自然传承已然式微。

2005年起，绍兴市开始调查和保护"调吊"项目，并成立了专门的保护研究机构，从而使绍兴调吊的保护工作进入了一个新的阶段。2006年7月，调吊入选绍兴市首批非物质文化遗产名录；2007年6月，入选浙江省第二批非物质文化遗产名录；2008年6月，入选第二批国家级非物质文化遗产名录。金寿昌、金光侠父子分别被授予此项目的国家级和省级代表性传承人。2011年4月，设立了"绍兴市金寿昌调吊传习所"，致力于调吊的传承和研究，后被国家文化部确认为调吊的保护责任单位。

调吊的表演风格独特，其观赏性强，惊险刺激，又极具艺术感染力。它在绍兴的戏剧舞台，乃至我国民间体育史上均享有崇高的声誉。它不仅是绍兴文化的宝贵财富，也是我国民间体育中的一朵奇葩。调吊的传承弘扬，对于人民群众开展有益的健身活动有所启迪；它的产生和发展历程，对于研究绍兴传统庙会民俗活动乃至江南地区社戏的发展，以及杂技中的空中吊技表演项目的发展研究，都具有十分重要的意义和价值。本书的发行和传播，将有助于我们进一步了解调吊的历史和现状，对调吊这门古老技艺的保护传承起到积极的作用。

2014年9月

概述

调吊是一项运用肢体语言进行表演的空间悬垂运动。调吊的表演难度大，动作惊险，既能以杂技的形式在庙会活动中表演，也能以民间体育的形式在运动场上表演。同时，还可稍加妆扮，成为绍兴目连戏中的经典节目——『男吊』，或称为『七十二吊』。

概述

古越绍兴历史悠久，文化积淀深厚，肥沃的文化土壤孕育了众多的非物质文化遗产。其中，传统体育、游艺与杂技这一大类有着悠久的历史和丰富的内容。

春秋末期，除越女击剑、陈音善射等故事著称于世外，还有"竞渡起自越王勾践"的说法。在绍兴的历代古籍记载中，角抵、相扑、投射、龙舟竞渡、蹴鞠、武术等杂技与竞技内容众多。在名士辈出的绍兴，民间可谓尚武成风。

旧时，地处闹市区的大善寺，是绍兴民众的主要公共娱乐场所以及购物、交易、休闲的好去处。民间艺人们往往在此地杂耍献艺，如蹬坛、走钢丝、飞车走壁等。绍兴各村各社迎神赛会和庙会活动众多，杂技节目表演也

大善寺旧址（保留下来的大善塔）

水乡迎神赛会

1936年舜王庙会

往往最为吸引人的眼球。在这些众多的表演内容中，有一个项目特别受到民众的喜爱——调吊。调吊的表演难度大，动作惊险，它既能以杂技的形式在庙会活动中表演，也能以民间体育的形式在运动场上表演。同时，还可稍加妆扮，成为绍兴目连戏中的经典节目，称为"男吊"或"七十二吊"。不论以何种方式呈现，它都是绍兴独特的非物质文化遗产资源。

龙舟竞渡

[壹]调吊简介

调吊是一项运用肢体语言进行表演的空间悬垂运动。作为个人锻炼身体的方法和民间杂耍,它有着悠久的历史。唐传奇以及宋代的《太平广记》、清代的《聊斋志异》,均有对历史上相关的空中杂技的精彩描写,说明从唐代以来我国就有技艺高超的空中杂技表演。据已故老艺人回忆,大约在二百多年前,调吊就在浙江绍兴和安徽安庆一带出现。开始只是江湖艺人的杂耍,叫"三上吊"、"杠上单吊"等,动作简单。绍兴第一个有名的调吊艺人,是清末绍兴城里仓桥头的金阿祥。金阿祥以摇船为业,体格强健,在不断的摸索和实践中,创造出"十八吊"至"四十九吊"等复杂的动作。后经过子孙几代的创新和发展,形成"七十二吊"甚至"一百零八吊"的高超吊技。

调吊作为庙会民俗活动的惊险节目,具有很大吸引力,为广大

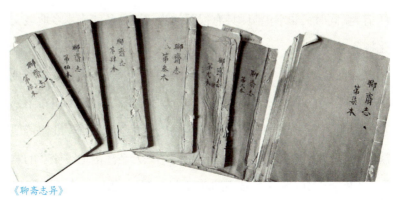

《聊斋志异》

人民群众所喜闻乐见。在目连戏中，调吊表演加入了特定的技艺和情节，称之为"男吊"，至今仍是目连戏和绍班"平安大戏"的经典节目之一。鲁迅在《女吊》一文中，就有对男吊精彩演出的具体描述，证明在1896年以前，调吊在绍兴当地已有很大影响。当时，调吊还被许多剧团特邀作为加演节目，以招徕观众，保证票房。

清末至20世纪50年代，调吊活跃于绍兴、萧山一带，演出足迹曾达杭州、宁波及上海、北京等地，并多次在鲁迅纪念会上表演。1961年，调吊演员曾受到周恩来总理的接见和好评。

20世纪50年代，调吊技艺的继承者将它发展到了运动场上，多次在市、省及全国体育运动会上表演。1953年，曾代表华东地区参加全国民族形式体育表演及竞赛大会，获得金质奖章，并受到了贺龙副总理的嘉奖。

调吊是绍兴民间艺人的独创，动作难度大，技巧性强，充满生活情趣，同时又非常惊险，具有很强的观赏性以及江南水乡地域文化特色。

据鲁迅说，"这'男吊'最不易跳，演目连戏时，独有这一个角色须特请专门的戏子"，毋庸置疑的是，调吊演出足迹曾经遍布绍兴及周边地区，曾被绍剧、目连戏的班社特聘到杭州、上海、北京等地演出。调吊的产生和发展历程对于研究绍兴乃至江南地区社戏的发展，以及杂技中的空中吊技表演项目的发展具有重要价值，同时，对于研究绍兴传统庙会民俗活动也有较高的价值。

时至今日，因调吊演出的主要载体——庙会民俗活动的形式和内容发生了很大变化，目连戏的演出也基本绝迹，因此，调吊的演出日益减少，调吊传承人也日益减少，急需培养更多的传承人，继承这一绝技。

[贰]调吊的缘起

调吊如何在绍兴产生，何时产生，因史料记载的缺乏，无法追根溯源。但根据老艺人的口耳相传，调吊的起源有两种不同的说法。

第一种说法：调吊从民间杂耍和民间体育发展而来。

空中杂技表演在我国有悠久的历史。宋《太平广记》卷一九三引《嘉兴绳技》，记载的是唐开元年间，百戏盛行，其中嘉兴绳技

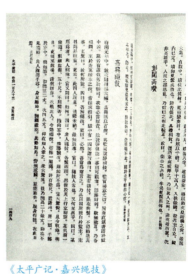

《太平广记·嘉兴绳技》

《聊斋志异·偷桃》

的表演出神入化，达到相当高的水平。清蒲松龄《聊斋志异》中的《偷桃》一文，也记载了杂技艺人精妙绝伦的表演，与嘉兴绳技有异曲同工之妙。

据《绍兴市志》记载，绍兴境内，春秋时已有划船、武术等活动。南北朝及唐宋时期，弈棋、投壶、钓鱼、击壤活动盛行。境内传统体育活动，多与娱乐或民俗相关。越人"水行山处，以船为车，以楫为马"（《吴越春秋》），盛行划船竞渡。晋代行投壶，虞潭及南朝梁贺徽均为能手，贺更以善"莲花骁"名。宋代除流行投壶外，尚行踏青、击壤、竹马等，陆游《剑南诗稿》中多有记及。其后，投壶、击壤等失传。清代及民国时期，民间传统体育常于庙会、灯会等大规模节日活动时进行表演。

《吴越春秋》

《吴越春秋》云："水行山处，以船为车，以楫为马。"

　　任何一项技艺的创造，都与它的生存环境有一定的关系，史与生产、生活有着直接的关联。绍兴多水，是一座水城。旧时，绍兴城内、城郊水网遍布，交织的水网和纵横的水道，使各种各样的船只成为了水乡居民们重要的交通工具。绍兴的船有乌篷船和白篷船之分，船篷习惯用细竹竿弯成拱形，以竹丝作底和面，中间夹以竹箬，两边及上下夹以扁竹片，并用棕丝扎住。篷的大小以船的大小为准；篷的多少则以船的长度为准，五扇、七扇、九扇、十一扇不等。制作好的篷，用桐油、猪血、黑粉煎熬成"黑油"，涂于篷的外部，能防止雨水渗漏，这就是乌篷。用这种篷的就是乌篷船，包括脚划船、埠船、戏班

水乡乌篷

船等。如果光用熟桐油涂于篷上，其色呈"竹篾黄"，与黑色的乌篷相对照，就是白篷船了。如夜航船、檀船、夜埠船等多为白篷船。据考证，白篷船多系夜间航行，在漆黑的水面上，便于识别，有利于安全行驶。如檀船，多半夜晚航行在海湾，天黑风高之时，满载几十吨货物，乘潮御风，只能用白篷才易被对面来船识见。夜航船、夜埠船用白篷的道理也类此。

船只根据不同的大小、功用，有可容纳三四人的小船，也有可容纳二三十人的埠船和戏班船。此外，还有更为考究的明瓦船——篷用一种半透明的贝壳片拼起来代替，功能如玻璃，冷天或雨天关上篷，舱内仍有光线。这种船是从前大户人家游山玩水、嫁娶喜事，或清明扫墓等用的。

但在那时，不论是乌篷船还是埠船，乃至豪华型大船，都是人力所驶。船在水上行驶，不但要求船老大有冷静判断的能力，而且还需要强健的体魄。如果没有一定的臂力、腿力、腹肌力量以及良好的身体协调能力，往往不能胜任船老大的工作。为谋生的需要，船老大往往会通过各种方式去强身健体，以适应这种特殊的体力劳动。

根据金氏调吊传承人的代代相传，追溯回忆，清末绍兴城里仓桥头的"船头脑"金阿祥及其先祖，就是出于强身健体的目的，看到江湖艺人在街头表演"三上吊"、"杠上单吊"、"猢狲变戏法"等杂耍，觉得这种杂耍是一种很好的强身健体的运动方法，对划船作业很有帮助。于是，平时就爱好练武的他，利用空闲时间，在河岸边伸向河心的树枝上吊上绳子，独自在绳索上做一些简单的摇摆动作来进行强身锻炼。金阿祥通过摸索技艺，后来逐渐创造出了"十八吊"至"四十九吊"的复杂动作。

　　随着金阿祥技艺的逐渐成熟，他在迎神赛会和庙会中，用两条长梯作柱子，梯子间横上一根大竹杠，竹杠中央吊上又粗又软的土布，然后在布上来要弄这套本领，吸引了许多观众，在当时城里的名声也逐渐响亮起来。后来，目连戏班为了吸引观众，纷纷邀请他去表演调吊。同时，调吊也被绍剧"平安大戏"所借用，后成为绍剧"三绝"之一。1936年出版的鲁迅《且介亭杂文末编》中的《女吊》一文，详细记录了鲁迅在四十年前观看目连戏演出中的《男吊》、《女吊》等场景。说明在1896年之前，调吊已被目连戏借用，并在当地有较大影响。其时第一代艺人金阿祥四十岁左右，据魏兴海先生考证，鲁迅看到的是金阿祥的表演。当时，调吊甚至

鲁迅《且介亭杂文末编》

还被许多剧团特邀作为加演节目。

中华人民共和国成立后,政府提倡开展民间体育活动。1952年,绍兴市举行民族形式体育大会,调吊是其中的一个民间体育项目。

自1956年至20世纪80年代,调吊的表演和传承,因"文化大革命"而受到影响。但绍兴城区金氏调吊的第三代传承人金寿昌,在70年代初,培养了他的两个儿子和一个女儿练习调吊技艺,并常常受邀在每年的春节去柯桥乡下的秋湖村、小佐村等地演出调吊,深受当地群众的欢迎和好评。

第二种说法:调吊随着绍兴目连戏的产生而产生。

目连戏是我国十分重要的历史宗教戏,被称为"戏剧始祖"。作为一种古老的戏剧艺术,它有着漫长的日趋完整的发展历史,它的繁茂枝叶曾覆盖华夏大地。目连戏以目连救母故事为主要表演内容,目连救母故事中的目连原型出自印度佛教传说,此故事最早见于《佛说盂兰盆经》。故事讲大目犍连修得正果后,想报答父母的养育之恩,于是计划举行超度仪式,但用道眼发现母亲变成了饿鬼。为免母亲饥饿,大目犍连用钵盂盛饭给母亲,但饭食化成了灰烬。大目犍连向佛祖求助,佛祖要他在七月十五设美食供养十方大德众僧。大目犍连遵照了佛祖旨意,母亲得以脱离饿鬼道。后来出现的《大目乾连冥间救母变文》对这一故事进行了改造:目连名罗卜,其父名傅相,目连之母藐视佛法,不行施舍,死后堕入地狱,罗卜千

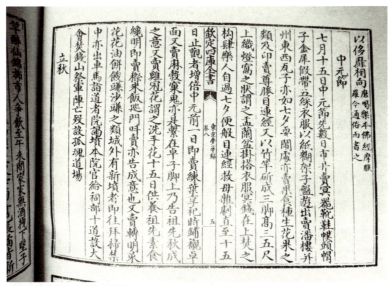

《东京梦华录》对目连戏的描述

辛万苦救得母亲脱离苦海。后世的目连救母故事大体如此。几百年来，经过无数艺人的锤炼，目连戏以其博大纷繁的戏剧形式，无所不包的表演手段，积淀深厚的音乐素材，以及情景交融、观演互动的演出排场，在民间盛演不衰，广泛流行于多个省份。

宋室南渡，改都临安（今杭州）之后，开封人孟元老流寓江南，常忆东京之繁华，写成《东京梦华录》，其中写道："七月十五日，中元节。先数日，市井卖冥器靴鞋……及印卖《尊胜目连经》。又以竹竿斫成三脚，高三五尺，上织灯窝之状，谓之盂兰盆，挂搭衣服冥钱在上焚之。构肆乐人，自过七夕，便搬《目连经救母》杂剧，直至十五

日止，观者增倍。"(《东京梦华录·中元节》)

绍兴目连戏演出的记载，最早出现在明代祁彪佳的《远山堂曲品》和《祁忠敏公日记》。

祁彪佳（1602—1645），字虎子，号世培，别号远山堂主人。他是山阴县梅墅村人，家世仕宦。崇祯八年（1635年），祁彪佳辞官还乡，在柯山东侧的寓山修筑寓园，赋闲隐居。其隐居之地与柯桥相邻。崇祯乙卯（1639年）五月三十日，柯村夜演目连戏，欢腾喧闹，传到了寓园，使祁彪佳夜不成寐，他在日记中写道："是晚，柯村又演目连戏，竟夜不能寐。"(《祁忠敏公日记·杂录》)这里的文字记载，是绍兴演出目连戏最早的有时间和地点的记载。

那么，目连戏与调吊究竟有什么关系呢？根据现存的目连戏本记载，绍兴境内分别有清光绪九年《绍兴旧抄救母记》和民国八年斋堂本《绍兴救母记》，嵊州前良村清咸丰庚申年抄本《目连戏》，民国丙寅年新老义和抄本《目连戏总纲》、民国三十六年吕顺铨抄本《目连戏》，新昌胡卜村的清代抄本和1956年冬演出本《目连救母记》。在以上七种目连戏抄本中，六种均有"男吊"这一内容。在这一出目中，一般无文字和科介内容，表演形式也不记载。唯有新昌胡卜村1956年冬演出本记录如下："男吊：一块白布，挂在高梁之上，能做四十九个杂技的高艺之师表演，对观众有高度的好评之感。"据目连戏老艺人口耳相传，"男吊"的表演没有念白和演唱，是一位

祁彪佳《祁忠敏公日记》

《祁忠敏公日记》对于柯村演出目连戏的记录

男演员在吊布上做各种不同的动作，动作一般三十六吊到七十二吊不等，表演的动作名称和顺序根据不同的演员，有所不同，但均较为类似。2010年，经新昌杨眉良整理出版的《新昌调腔目连戏》这样记载：

第三十场　男吊

演男吊为特技角色，庚申年抄本角色为"正生"。本场无台词。

徐宏图校订的《绍兴救母记》

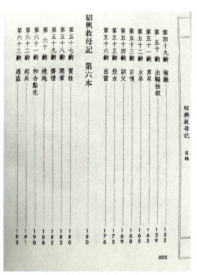

《绍兴救母记》出目中的《男吊》

了。春香，看你年纪长大，同我去睡了吧！（小旦白）安人知道委打的。（净白）不妨。有我员外做主。（净笑，扶小旦下）（花旦白）春香开门，（又）！呼他二人去睡了，我还在此做些什么！罢罢罢！不免寻我寻一个自尽便了！（哭下）（大拷）（目连号）。

第三十场　男吊

演男吊为特技角色，庚申年抄本角色为"牙山"。本场无台词。

（大拷）（目连号）（男吊上）（演三十六吊或七十二吊）（大拷）韦陀上）（用降魔竹打男吊）（男吊从台前跳下）（目连号）（大拷）（韦陀下）

第三十一场　女吊

正旦：玉芙蓉。正旦：陈氏。小旦：春香。净：董员外。

（大拷）（目连号）（类头）（正旦上念）烟花队里我为尊，恼恨妈妈心不平。逼奴缢死高梁上，（目连号）二十余年一命倾！（白）奴家，玉芙蓉。只因落在勾栏院里，被虔婆打逼不过，缢死高梁！（目连号）二十余年并无一个替代。今夜月朗星稀，把生前之事细说一番，有何不可！（唱）

徐宏图校订的《绍兴旧抄救母记》

《新昌调腔目连戏》杨眉良整理本内页

嵊州前良村民国丙寅年新老义和抄本《目连戏总纲》

新昌胡卜村1956年冬演出本《目连救母记》

（大拷）（目连号）（男吊上）（演三十六吊或七十二吊）（大拷）（韦陀上）（用降魔杵打男吊）（男吊从台前跳下）（目连号）（大拷）（韦陀下）。

这就是关于调吊起源的两种不同说法。

目连戏曾在很长一段时间内在绍兴范围内广为流传，"男吊"是其中必演的一出，是绍兴目连戏的独创。除了《男吊》，《女吊》、《白神》等诸出，也是绍兴目连戏所特有的。在绍兴地区，曾有不少人演过男吊，因此，在绍兴市城区、嵊州市前良村、新昌县、上虞区等均留下了调吊技艺传承的脉络。

[叁]调吊与杂技

调吊作为杂技的一项表演形式，它的创造，不仅与生产、劳动有因果关系，也与杂技的其他项目相辅相成。调吊的表演者要悬空进行表演，首先要求在落地时必须具备良好的基本功，调吊世家的金氏家族，就是如此。他们的家族不但是一个"调吊"世家，同时，也可谓是一个杂技世家。从金阿祥那时起，他就训练他的儿子学习各种杂技功夫，如骑独轮车、举石锁、拿大顶、打沙包、摆马步、翻跟斗、下腰等。他的孙子金寿昌就是一个杂技功夫的佼佼者，他翻的跟斗既高又飘。他曾经在表演调吊的舞台上，为观众表演过一个名叫"单提"（即原地后空翻）的绝技：他站在舞台中央的擦边处，背朝观众，腾空一个"单提"，不偏不倚，稳稳地落在原地擦台边。这个

金寿昌（20世纪60年代"飞车走壁"表演）

动作的难点在于，一旦偏离着落点，就有可能将头部尤其是下颌碰到台边而伤及身体。如果没有扎实的功夫和把握，通常是没人敢做这样危险的动作的。20世纪70年代初，在金寿昌把调吊技艺传承给子女的同时，也传授了他们好多杂技项目。1971至1973年，金寿昌还被绍兴县柯桥中学聘请为学校体操队的教练，由他指导、排演的狮子舞、柔术咬花、多人穿火圈、帽技、木砖倒立、独轮车技等杂技节目，多次在教育系统和周边乡村的文艺表演会上演出，获得了广泛的好评。同时，金家人也常常应当地乡村的邀请，逢年过节为他们进

金光侠幼年杂技练功照

金寿昌与其弟金长福独轮车表演（20世纪40年代报纸剪影）

金月珍（20世纪70年代练功照）

行无偿表演。除了调吊表演最受观众喜爱外，女儿金月珍表演的柔术咬花，也是观众爱看的一个节目。

值得一提的是，一些空中杂技节目也借鉴调吊技艺，发展出许多新的空中吊技。由此可见，调吊与杂技的关系密不可分。

调吊在绍兴的流布

调吊表演的流布，与目连戏的普及有着很大的关系，在很长一段历史时期内，调吊表演被许多表演班社作为最为关键性的节目，作为必演的内容，曾散布于绍兴及周边地区。从传承情况来看，除了金氏调吊世家传承外，其他还有浙江绍剧团、嵊州前良村、新昌调腔剧团、新昌胡卜村及上虞东关等地的传承。

调吊在绍兴的流布

调吊的演出，不论是在运动场上表演，还是在庙会活动和目连戏中演出，都非常受观众的欢迎，是吸引人群关注的一个精彩节目。调吊表演的流布，与目连戏的普及有着很大的关系，在很长一段历史时期内，调吊表演被许多表演班社作为最为关键性的节目，作为必演的内容，曾散布于绍兴及周边地区。从传承情况来看，除了金氏调吊世家传承外，其他还有浙江绍剧团、嵊州前良村、新昌调腔剧团、新昌胡卜村及上虞东关等地的传承。

[壹]金氏调吊世家

金氏世家习武习艺的历史，是很悠远的。往上追溯，金氏家族在元代迁居绍兴，世为习武人家。金家可追溯的第一代著名的调吊表演者为金阿祥。清末，金氏祖屋坐落在绍兴城里仓桥头，累世以划船为业，是绍兴著名的"船头脑"。出于强身健体的目的，金氏先祖尤其是金阿祥，看到江湖艺人在街头表演的"三上吊"、"杠上单吊"、"猢狲变戏法"等杂耍，觉得这种杂耍是一种很好的强身健体的运动方法，对划船作业很有帮助。于是，平时就爱好练武的金阿祥，利用空闲时间，在河岸边伸向河心的树枝上吊上绳子，独自在绳

金氏老宅

索上做一些简单的摇摆动作来进行强身锻炼。金阿祥通过摸索技
艺，后来逐渐创造出了"十八吊"至"四十九吊"的复杂动作。在旧
社会，一个强壮的身体不仅是自身谋生的需要，也是抵抗一些三教

九流的骚扰和欺负的需要。那时，如果某个人稍有一些钱财的话，就会被人"请财神"，或会遭受一些同行的欺负。"船头脑"金阿祥，本来就因为他经营的船业生意好而让同行嫉妒，加上他的调吊技艺在庙会里的出演，更使得一些同行们对他既羡慕又妒忌。曾经有一次，当地的一个地痞找到金阿祥，要与他

金阿祥墓地

"切磋武艺"。金阿祥知道来者不善，在好言相劝无果的情况下，凭借平时练就的功夫，一掌将他击至5米之外。那个地痞领教到了金阿祥的实力后，一言不发，灰溜溜地走了。通过这一次的较量，金阿祥在同行乃至整个绍兴城里小有名气，同时，也更加坚定了他强体健身的决心。

随着技艺的逐渐成熟，金阿祥开始在迎神赛会和庙会中，用两条长梯作柱子，梯子间横上一根大竹杠，竹杠中央吊了又粗又软的土布，来耍弄这套本领，吸引了许多观众，在当时城里的名声也逐渐扩大。后来目连戏班中的人看了，觉得目连戏演出时间长，缺少这种

有吸引力的表演，且戏中女吊的演出，阴柔有余而力道不足；男吊恰好相反，惊险而又刺激，于是就请他去演"男吊"。鲁迅在《女吊》一文中有对于男吊的精彩描写，据有关资料考证，其中男吊一角就是金阿祥所饰演，其时金阿祥四十岁左右，正当盛年。当时，调吊甚至还被许多剧团作为加演节目，以招徕观众，保证票房。

后来，金阿祥把技艺传给了儿子金新发、金新友、金毛毛，动作也发展到七十二吊。调吊绝技的学习，和其他许多技艺一样，不仅需要练习者有吃苦耐劳的精神，还需要有一副天生的好骨质。金阿祥的这三个儿子当中，三子金新友学习调吊是出类拔萃的一个，他表演的调吊动作不但姿态优美，而且连贯速度快。当时行内给他取了一个绰号，叫"琉璃猢狲"，形容他在吊布上所做动作像猢狲那样轻盈、灵活，像琉璃那样优美、流畅。他在继承其父金阿祥调吊技艺的基础上，将原先单吊（一根吊布）增加到双吊（两根吊布），使表演者能在吊布上展现更多的动作，是对调吊技艺发

金新友（艺名"飞飞飞"）之墓（倒立者为金光侠）

金新友(艺名"飞飞飞")唯一存世调吊照——摄于柯桥乐乐戏院

展的一大贡献。相比之下,取艺名为"满天飞"的次子金新发,其吊技略逊一筹。

　　1937年下半年,也就是抗日战争开始的那一年,随着金氏调吊声望的不断扩大,加上目连戏班常常邀请他们去演出,于是金家人就萌生了自己组建一个目连戏班的念头。但组建目连戏班子首先要解决的是剧本问题,于是,金新友四处托人找本子,后听说绍兴城外蚌潭村某人有一本目连剧本,愿意借,但条件是要二石米代价,借期一个月。金家应允了他的条件后,借到了本子。拿到本子后,金新友立刻叫他的两个儿子金寿康和金寿昌连夜抄写,抄录全本后,如约归还。有了剧本后,就立即开始"招兵买马",凭着金家在当地的声望和良好的人脉关系,很快就找到了角色。这些所谓的角色,并非专业演员,而都是些做小手工业或务农的戏曲爱好者。其中有做小生意卖大麦糖的金瑞,行当"大花脸";斗门的胡渭铨,行当"小花脸";孙端开打铁店的林天成,行当"小生";柯桥卖膏药、捉牙虫的行医者蒋金林,行当"老外";张溇的在家和尚筱锦生,行当"老旦";秋湖摇埠船的陈仁友,行当"二花脸";秋湖以钓鱼为业的陈阿根,行当"四花脸";等等。后场则由周边会一些吹打乐的民间艺人组成,他们将金家目连抄本中的后场乐谱抄去,回家进行练习。这些凑拢班子的人员,由于基础较好,所以,不长时间就开始了演出。金氏两代人在目连戏演出时,不但出演调吊,金新发、金新友同时还分别扮演"鬼王"、"无常"、"老相公"等角色,金寿康、金寿昌扮"无常"的儿子阿领。于每年的三至七月间,在绍兴地区的乡、镇、村演出,七月后再去周边地区的上虞百官、曹娥、崧厦,以及萧山西兴、瓜沥、义盛、党山、党湾、坎山、余杭等棉麻地区演出,一直演到棉麻收割时,才收演回家,演员各自回家从业本行。以金新友为主的金家这副目连戏班,由于金家有独门的看家绝技《调吊》,又常常加演如《串刀串火》、《叠罗汉》等精彩节目,所以在当时是绍兴第一副有声望的目连戏班。

金家的这副目连戏班,自1937年组建,至新中国成立前夕结束,历时十二年。

在"文化大革命""扫四旧"期间,金家人为了保护这本目连剧本,将其对撕成两折,藏在一个不显眼的角落处,才幸免于难,逃过一劫。至今,金家仍保留着他们冒了很大风险才得以保存下来的手抄目连剧本(由于尚未对该剧本进行修复,故未知原本出处和出数)。

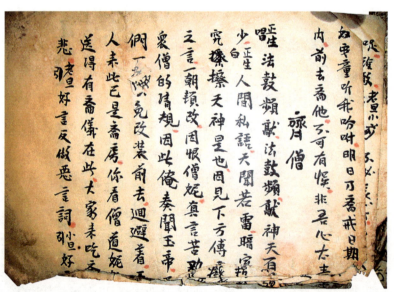

金氏家族保存的目连戏抄本

　　而后，金新友把调吊技艺传给他的两个儿子金寿康、金寿昌，又将父辈谋生的船业改行，由水上转向陆地，开了一只人力车车行，经营租赁兼修理人力车的生意。新中国成立初，又将经营的车行扩大到了城郊的柯桥。派次子金寿昌移居到柯桥经营管理，后金寿昌在柯桥成家立业。然而，尽管金家谋生的车行开得有声有色，但出于对调吊技艺的执着追求，在经营车行生意的同时，始终没有放弃对调吊技艺的探索和追求：一方面是出于对调吊技艺的挚爱；另一方面，受聘出演调吊也能获得一些经济报酬，可以增加部分经济来源。

　　"宝剑锋从磨砺出，梅花香自苦寒来。"金氏调吊的第三代传承人金寿康、金寿昌从小就在父亲的督促下苦练基本功，诸如臂功、腿功、腹功、平衡功等，要求极其严格，一般凌晨三时就要起床练功，冬令时节衣着单薄，夏日则穿长装，练习一小时的搁腿、半小时的拿鼎倒立，再练马步、举重、气功、兜转、旋转等，尤其重视腹肌和平衡感的基本训练。他们十二岁开始利用悬挂在屋梁上的布带，练习各种表演

金寿昌幼年调吊照——摄于柯桥乐乐戏院

需要的简单动作，要求做到至少在二十分钟内中途不产生头晕的感觉，为建立高难度动作的表演打下扎实基础，使七十二吊的表演技术逐个高质量地完成训练。

调吊技艺经过金家几代人的不断摸索，日臻完善，吊数不断增加。十八吊、三十六吊、七十二吊，只是个约数，到金寿康这一代演出时，其实已不止七十二吊。由于调吊是悬空表演的，所以，金新发取艺名"满天飞"，金新友取艺名"飞飞飞"，金寿康取艺名"筱飞飞"，金寿昌取艺名"筱燕飞"。"飞字一族"也就成了金氏调吊的"金字招牌"。由于金氏三代人的调吊演技个个都很精湛，因此，在当时艺界中曾有人戏言："金家祖宗的坟头是葬在'吊刹主（吊死鬼）'坟上的！"这从另一个角度，也反映出当时艺界对"金氏调吊"技艺的肯定。

随着调吊在公众演出市场的不断出演，影响也逐渐扩大。于是，许多剧团为了增加自己的票房卖点，吸引看客，都纷纷邀请他们去出演调吊，还经常随团请到杭州、上海等地去演出。农闲季节，金氏家人也常常会利用车行生意清淡的时间，到周边地区巡演。然而，金氏家族尤其是到了金新友这一代，在技艺和声望俱佳的时候，却没有"弃商从艺"，其主要原因是出于旧时人们对从艺人的看法，认为吃"戏饭"不如从商学做手艺，世情确实也如此。所以，金氏家族也就没有将表演调吊技艺作为一门谋生的行业。金家经营的车行业，至1958年被公私合营。

　　如果说，金寿康的祖父金阿祥把调吊从庙会民俗活动中搬上了舞台，那么金寿康和金寿昌兄弟俩则将调吊从舞台搬到了体育场上。新中国成立初，由于金寿昌主管经营着车行业务，因此，金新友多派长子金寿康去县、地、省体育运动会上表演调吊。1951年下半年，首次在绍兴的大教场进行比赛表演，后被推荐到宁波地区进行比赛表演，经过宁绍地区的选拔，同年底，在杭州参加了浙江省第一届体育运动会。而后，于1953年9月参加华东区第一届人民体育运动大会。由于偌大的体育场上观众看不清台上的表演，金寿康两兄

参加1953年全国民族形式体育大会华东区代表合影（后第二排左起第四人为金寿康）

弟大胆创新，在四辆自行车上插上四根竹杠，搭起棚，架上横梁，由四辆自行车载上绕着跑道表演。1953年11月，金寿康作为华东地区代表，参加了在天津召开的全国民族形式体育表演及竞赛大会，他的调吊被评为优秀节目，获得金质奖章，并刊登在《人民日报》、《解放日报》和《人民画报》上，还有电影纪录，同时，还受到贺龙副总理的嘉奖。十分可惜的是，金牌、证书、嘉奖信等都毁于"文化大革命"期间。

华东区第一届人民体育运动大会优胜奖章（1953.9）

后来，金寿昌又把技艺传给了他的子女，次子金光侠习得调吊的全部技艺，成为金氏调吊的第四代传承人。同时，金寿昌还打破了"传男不传女"的族规，培养女儿金月珍学习调吊，成为金氏家族唯一的女性传承人。

金寿康调吊荣获奖状之一

金寿康于1988年病故，墓前自铭"荣获1953年全国民族形式体育表演及竞赛大会金奖、浙江'三绝'之一调吊，金寿康（艺名"筱飞飞"）之墓"。调吊情结至死未泯，可惜未将这门

20世纪70年代金月珍调吊表演照　　　　20世纪50年代，金寿昌在绍兴大教场表演调吊

金光侠参加绍兴县中学生1981年元旦文艺会演

金寿昌与幼子金文明调吊动作照

技艺传承给他的下一代。

　　2007年6月，调吊入选第二批浙江省非物质文化遗产保护名录，2008年6月，入选第二批国家级非物质文化遗产保护名录。金家健在的第三代调吊传承人金寿昌（即金长林）被认定为国家级代表性传承人，第四代传承人金光侠被认定为省级代表性传承人。

[贰]绍兴大班、平安大戏与调吊

　　绍兴旧时戏剧繁荣，戏班林立。其中的绍剧，旧称"绍兴乱弹"、"绍兴大班"，是以唱乱弹腔为主的多声腔剧种。早期的绍剧，主要流动演出于各农村，多演社戏。正月演"灯头戏"，二月演"酬神戏"，三月演"青苗戏"，四月之后庙会不断，演戏更为经常。至七月中元节，即演"平安大戏"。

绍兴大班演出的平安大戏，并不是全本的目连戏，仅仅是为了适应演祭祀鬼戏的需要，从目连戏中移植《起殇》、《施食》、《男吊》、《女吊》、《跳无常》、《游十殿》等鬼戏段子，穿插在乱弹戏的长本剧目中，到最后还有《柯刘氏》、《烧大牌》，称为"大戏"或"平安大戏"。

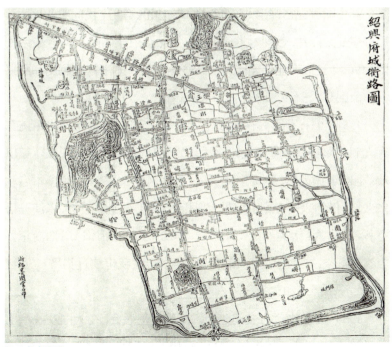

绍兴老城区图

绍兴城里三埭街是戏班聚集的地方。"三埭街"是指东西向平行的三条街，即唐王街、学士街、永福街。三埭街原是堕民居住区，他们中的女性，被称为"老嫚"，从事红白事和四时八节的服务业。男子的职业大多为抬轿、收废品、制糖等。另外一个职业，是从吹鼓手发展而来的丝竹清音班和戏曲演员，主要是绍兴大班的演员。民国初年，绍兴城堕民所组织的戏班多达百余个，在抗日战争之前还有数十家，战后仅剩十数家。

新中国成立初，绍兴有同春、同兴、新民等九个民间职业剧团。后经登记、合并，数量减少。1956年，同春绍剧团改名为浙江绍剧团。1965年还有专业绍剧团六个，到1982年，仅剩浙江绍剧团和绍兴县、萧山县等三个专业绍剧团。

1951年9月，鲁迅先生诞辰七十周年纪念日，上海市文化系统在大光明电影院举行隆重的纪念活动，绍兴同春舞台戏班上演了三出戏：七龄童调无常，六龄童演男吊，林熙凤演女吊。六龄童，本名章宗义，历任绍兴同春剧团演员、副团长，浙江绍剧团团长。以演孙悟空著名，有"江南美猴王"的美誉，其子六小龄童因饰演《西游记》中的孙悟空，美名远播。六龄童曾撰写文章《我也演过男吊》，回忆当年的演出经历和感受。

1956年，上海举办鲁迅逝世二十周年纪念会，在大同戏院演出鲁迅笔下的社戏，由上海市文化局和浙江省文化局联合举办。演

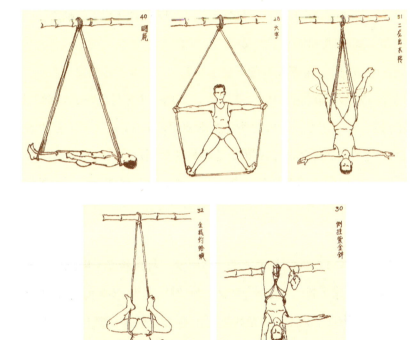

王振芳整理绘制的调吊图谱

出的主要内容和演员有：《游园吊打》，主演汪筱奎；《七十二吊》、《跳无常》，主演十三龄童等。剧场门外五光十色，热闹非凡。上海的观众早已翘首以待，急盼一睹为快。观众在场外拥挤不堪，争相购买戏票，每场演出座无虚席，盛况空前。

十三龄童，本名王振芳，绍剧表演艺术家，是知名老生演员王纪发之子,自幼跟随祖父王茂源学艺。20世纪40年代,十三龄童在同春舞台做戏时,戏班演出平安大戏,调男吊,要请金家调吊传承人金新发来演出。在金新发师傅表演男吊时,王振芳总是在舞台下默记动作,夜深人静时偷偷练习。平安大戏演出一个多月,王振芳就练习了二十多次,把七十二吊的动作偷偷地记录了下来。王振芳虽然没有正式拜金新发为师,但调吊技艺确是从金新发师傅处习得的。

根据绍剧表演艺术家王振芳的回忆录,追寻浙江绍剧团表演的时间和路线,基本查找出了浙江绍剧团成立初期男吊表演的时间和地点。

自从1961年浙江绍剧团的《孙悟空三打白骨精》摄制成电影后,绍剧迎来了新的发展。为弘扬民族文化,开拓绍剧演出,扩大地方剧种的影响,浙江省和绍兴地区的领导支持剧团巡回各地交流演出,除随带《孙悟空三打白骨精》之外,还带绍剧的骨子戏《后砵砂》、《游园吊打》、《斩经堂》、《寿堂》、《龙虎斗》、《男吊》、《女吊》、《跳无常》,大部分是鲁迅笔下的社戏。为了加强

《孙悟空三打白骨精》晋京演出剧照

演出阵容，还把同兴、新民两个剧团的汪筱奎、十三龄童、筱芳锦、筱扬松等著名演员调入浙江绍剧团。浙江绍剧团自9月1日起巡回演出，先至上海中国大戏院，15日演毕，去南京人民剧场演出。在南京演出的第六天即21日，接到中央文化部电报，特邀浙江绍剧团赴京参加鲁迅先生诞辰八十周年的纪念活动，并带上《男吊》、《女吊》、《跳无常》的演员去北京。接电后做好准备，第二天马上动身去北京。演员有七龄童、严金凤、章苗良、章艳秋、十三龄童以及乐队人员总共十数人。剧组于24日到达北京，傍晚去剧协礼堂，当夜演出三个折子戏。演完后，剧协有人告诉浙江绍剧团带队的书记，第二天的纪念活动只选择演《女吊》，因时间有限，《男吊》、《跳无常》就不演了。第二天晚上，周恩来、陈毅等领导观看了演出，浙江绍剧团的演员们受到了周总理等领导的接见。

9月26日结束了"纪念鲁迅先生诞辰八十周年"活动后，绍剧团乘车赴上海演出，之后又去山东济南演出，10月6日离开济南去北京。到了北京后，先后在西单长安戏院、天桥剧场、人民剧场、首都剧场、吉祥戏院演出。其中，绍剧团在吉祥戏院演出三天，剧目有《龙虎斗》、《后碌砂》、《游园吊打》、《男吊》、《女吊》、《跳无常》。北京的观众渴望一睹鲁迅先生笔下的社戏，慕名而至，观众众多。

1961年10月16日，应中国戏剧家协会的邀请，浙江绍剧团在剧

协礼堂内演出了《目连救母》。这次北上的老艺人都能熟演此戏，因此合力完成了《目连救母》的演出任务，并且轰动了北京文艺界。许多在场观看的戏剧专家对绍剧团演出的《目连救母》赞不绝口，认为地方剧种能够这样完整地演出目连救母实在难得。10月26日，绍剧团又离开北京，先后到天津、合肥、芜湖、九江、南昌、上饶等地演

浙江绍剧团整理的《救母记》

出，12月底才回到杭州。

20世纪50年代末，王振芳曾受杭州杂技团的邀请，为杭州杂技团的演员示范和指导调吊动作。1961年，周恩来总理指示中国杂技团"要把调吊学过来"，因此中国杂技团曾邀请十三龄童前去指导，发展、提炼有关技艺。通过技艺加工，取名"柔吊"（又名绸吊），使这一传统节目得以发展和创新。

20世纪60年代至80年代，因"文化大革命"等影响，演剧受到极大影响，绍剧团的男吊演出也销声匿迹。1984年，苏州大学前来绍兴调查研究，王振芳时年五十二岁，为苏州大学录制资料，表演了《男吊》中七十二吊动作。直到20世纪80年代末，浙江绍剧团又开

王振芳表演调吊

戴立峰表演调吊

始培养调吊新演员，当时的青年演员戴立峰在王振芳老师的指点下，通过刻苦努力，也掌握了七十二吊的基本技艺，学成后曾多次演出《男吊》。之后，浙江绍剧团又培养杨钦锋学习调吊，由戴立峰执教。

[叁]新昌调腔、新昌境内的目连戏与调吊

调腔是中国最为古老的声腔之一。"调腔"一名最早出现于张岱的《陶庵梦忆》，张岱在文中几次提到了"调腔"及调腔女演员朱楚生。这证明在1641年之前，调腔早已生发形成，并培养出了如朱楚生这样备受文人赞誉的名演员。当时，调腔流布于杭州、宁波、绍兴、台州等地。明末清初，昆腔盛行，继而乱弹兴起，调腔班

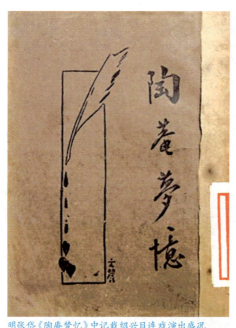

明张岱《陶庵梦忆》中记载绍兴目连戏演出盛况

纷纷兼唱昆腔和乱弹，组成二合或三合班。清乾隆至道光、同治年间，调腔盛极一时，班社众多，能考证的班社有"汤群玉"、"老群玉"、"应群玉"、"双鱼群玉"、"双鱼贤记"；又有萧山、绍兴两地著名的班社"日日新"、"日月明"、"文秀舞台"、"生生舞台"、"新大舞台"等；新昌境内，当时也有"宋凤台"、"老凤台"、"张老凤台"、"锦凤台"、"吕老凤台"、"五老凤台"、"凤舞台"、"越舞台"、"连升群玉"、"大三元"、"新大通元"等调腔班社。清末民初，迭经战乱，调腔衰落，班社急剧减少，但至民国初年，新昌仍有十二副调腔班社在活动。自抗日战争之后，就一落千丈。至今，在绍兴地区，唯有新昌一地保存了一个专业调腔剧团，故后称"新昌调腔"。

新昌调腔戏班的演出地点主要在新昌县和嵊州市，也应邀往宁波、绍兴、台州等地演出。职业调腔班社一般不演全本的目连戏，各个班社都拥有自己的目连戏戏本，演出活动不断，一直延续到抗日战争前夕。

除调腔班社外，半职业化或业余的道士班，也会演目连戏。演艺人员多为道士或农民，职业调腔班社演员不够时，常向民间班社借用。1952年，新昌人石永彬参加新昌县民间文艺调查登记工作，才知道目连戏戏本保存下来的仅有三个本子：胡卜村目连戏本子、前良村目连戏本子（黄泽镇前良村曾归属于新昌县）、后溪村目连戏本子。据专家对留存下来的目连戏戏本的考证，调腔班社也好，道士班社也好，因《男吊》是目连戏中极为精彩的一出，因此是必演的。从这个情况分析，当时的调腔班和道士班都有人会表演男吊，但大约没有特别出色的演员，所以没有书面记载。

新中国成立以后，目连戏全本很少演出，其中精彩的几出才参加会演。1953年2月，新昌县民间文艺大会演在新昌中学操场举行，共有

徐宏图、张爱萍校订的《浙江省新昌县胡卜村目连救母记》

二十三种民间艺术的六十余个班社参加演出，目连戏为其中之一。1956年2月，新昌县第二届民间音乐舞蹈会演在人民剧场举行，《男吊》、《女吊》为演出的十二个节目之一。

1953年，新昌组建调腔剧团。据负责组建剧团的石永彬（1933年生）老人回忆，当时剧团里有个杨柯彪，会武功，剧团里表演目连戏，男吊是他表演的，会完整表演七十二吊的动作。杨柯彪比石永彬大七八岁，大约于1959年离开了调腔剧团，去了台州教戏。20世纪90年代在临海去世。

自杨柯彪离开调腔剧团后，剧团无人会调男吊，当时的形势也不允许目连戏的表演。一直到20世纪80年代后期，调腔剧团恢复演出，招收了一批培训班学员，共三十六人。剧团当时需培养新的调吊演员，因剧团里已无人会调男吊，因此请了黄泽镇前良村的吕香海来传授调吊技艺。当时学习调吊的学员有屠福伟、竺常松、吕元炯、周立铭、陈旭东、田敏等人。

为传承调吊技艺，新昌调腔剧团又于2012年组织年轻演员学习调吊，谢日超（1994年生）、陈涛（1994年生）、张杰（1995年生）同时学习，目前已能胜任基本动作的表演。

新昌调腔剧团一直把目连戏的《男吊》、《女吊》、《无常》等经典折子戏作为该团的看家节目。其中《男吊》、《女吊》在调腔班社中合称《红神》。新昌调腔表演《男吊》，按传统演出惯例，凡上妆后不得开口说话。演出时，台角必须站一个身穿亮甲，面涂金色，怒目圆瞪，手执魔杵的"韦陀菩萨"，演完后由"韦陀菩萨"将吊神打落台下，在未卸妆之前，不能回头看。如今，表演方式已经有了改进，开演时，在一阵凄厉的目连戏嘻头声中，打响锣鼓，接着放出焰火，在烟雾中从舞台顶部飘下一幅白布将及于地，随之从鬼门道翻滚出一位不加粉墨、身穿紧身衣裤的吊神，来搜寻仇人，以报仇雪恨。接着抓住白布条，耍出"七十二吊"的招式，有平地升天、深远探鱼、蜻蜓点水、倒挂金钟、白鹤亮翅、童子拜观音等。

除新昌调腔剧团外，新昌后溪村曾有目连戏班，以王会明兄弟三人为主，整个戏班共有三四十人。新中国成立初，王会明兄弟负责办农村俱乐部，把戏本翻印成戏簿，准备排练，共有六十八出。后来说不能演了，戏簿也只能缴上去烧掉。随着王会明三兄弟相继去世，后人对目连戏已经知之甚少。

新昌调腔剧团表演的《目连戏韵》

新昌县的另一村胡卜村，是一个传承了目连戏的古村落。胡卜村古称"梅溪"，是梅溪胡氏的发祥地和聚居地，现属新林乡，距新昌县城15公里，与嵊州市的金庭镇

接壤。五代吴越国时期，胡
璟迁居梅溪之畔，自号"梅
溪"。此后族姓繁衍，以"梅
溪胡氏"自称，至今已繁衍
至四十二世。胡卜村目连戏
班由来已久，通过父子、叔
侄相传，一直延续。他们在
农闲时排练，自娱自乐，演
出时自己制作或者租来行
头。至1940年，目连戏已经
停演了好几年。村中长者担
心目连戏会失传，鼓动年轻
一代排演。当时，住在胡卜

新昌调腔剧团表演的《男吊》

村源昌台门里的胡蔼然及其兄弟辈，开始筹划排练，还请来外地师
傅指导。参加当时排演的演员名单已经无法查考，但据村中八十七
岁高龄的胡梅丰老人回忆，20世纪40年代初，村中的目连戏班，能
连续演出六天六夜，鼓板师傅是胡声全，胡彰南为统纲，胡小铨演
男吊，胡焕成以演花脸出名，胡沛然、胡耀千父子擅演无常，胡蔼然
演刘氏，胡志正演傅罗卜。

新中国成立后，以目连戏班艺人为主组建成胡卜村农村剧团，演

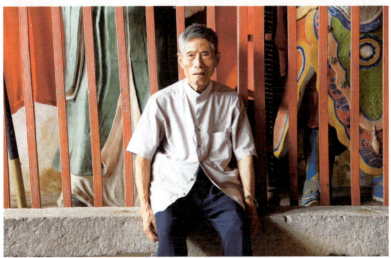

新昌县胡卜村

胡卜村中能追溯20世纪40年代目连戏班情况的胡梅丰老人

员和乐队有四十人左右。在贯彻"百花齐放、百家争鸣"文艺方针时，目连戏在胡彰南的导演下重新排练起来，所唱曲牌有六十来只，演员各自抄下自己要记的台词，分散排练，最后集中在一起串戏。此时期形成的目连救母记抄本称为《一九五六年冬胡卜村演出全剧本》。1956年，新昌县组织民间文艺会演，胡卜村目连戏班曾派出四名代表参加演出。

　　1956年农历十二月三十日，胡卜村目连班应邀到奉化演出。次年正月初二，又应邀到曹家村庙内演出，连演三日三夜，受到当地村民的欢迎。1957年正月初六至初八，又曾到新昌乡主庙演出。

　　据徐宏图先生收藏的20世纪50年代胡卜村《目连提纲》中的演员名单，当时的演员有二十多人。又经对老艺人的采访，确认当时饰演男吊的演员为潘雪梅，今年已七十七岁。据潘雪梅老人回忆，以及胡伯喜（1933年生）等村人的补充介绍，潘雪梅约在十八岁开始学习男吊，由师傅胡小铨负责传授技艺，当时胡小铨已有七十岁左右。再往上追溯，村中诸位老人各执一词，已说不清胡小铨的男吊师傅为何人了。

　　1956年曾参加排演的艺人们如今大都已去世，胡卜村目连戏后继乏人。2007年，胡卜村为保护目连戏，曾恢复排练《张蛮打爹》、《调无常》等折子戏，其中，胡雨来（1937年生）饰无常、张善，胡柏巨（1933年生）饰傅罗卜，胡耀银（1942年生）饰张蛮，盛根发（1931

胡卜村目连戏老艺人（从左至右依次为潘雪梅、胡雨来、胡伯钧）

2007年，新昌胡卜村老艺人表演目连戏《张蛮打爹》

年生）饰傅罗卜随从。从这次恢复排练的演员也可看出，胡卜村的目连戏已出现了严重的传承断层。

因建造钦寸水库的需要，胡卜村如今已面临整村搬迁，这样一来，失去了积淀数百年的当地村史的滋养，不知道迁居到另地的胡卜村人是否还能传承祖先们演过的目连戏。

[肆]嵊州前良村目连戏与调吊

嵊州市黄泽镇前良村，原名前梁，历史悠久，远在一千六百多年前就已成村落，良田沃壤，民风淳朴。据吕岳东、吕葆真等人考证，前梁始祖名梁万，生于西晋太康二年（281年），晋惠帝时为幕府主簿，升浔州刺史。西晋亡，梁万随元帝司马睿东渡建康，即东晋元帝。后梁万出巡江东各地，见剡县灵鹤山风景秀丽，遂择地建业置房。因名其属地为前梁。

梁万有三子，分别名容光、逸光、升光。唐初，其后裔已繁衍成大族。宋方腊起义，前梁村民起兵响应，后遭镇压，全村梁氏均被屠戮，无一幸免。梁氏盛极而衰，仅存前梁地名。前梁村古代一直在新昌境内，新中国成立后，前梁村属黄泽区。至1953年冬，前梁改为"新良合作社"，后称为前良。目前，村内聚居的多为吕姓、王姓人氏。

前良目连戏班的组建历史悠久，其抄本的来源传说，根据前良村老人吕葆真、吕维岳、陈香堂、王林铨等人共同回忆，目前前良村人普遍接受的是这么一个说法：

前良村原属新昌，现归嵊州管辖

　　旧时前良邻近乡村流传着这样的说法："前良有个继秀班，行头用箩担，演的'铁麟关'，看完不肯散。"前良村早在清咸丰年间，就有一个调腔班，名为"继秀班"。继秀班是王继秀负责的一个调腔班，艺人主要是王姓村人。有一年，一位外地人来到前良，年老无依，沿路乞讨，在前良村的窑厂里暂时栖身。住得久了，老人和村里人慢慢熟悉起来。一次，看到前良调腔班演戏，有一定的功底，而且村子也有一定的经济实力，就透露出自己的身世。原来这位老人是一位目连戏老艺人，身边带着《目连救母记》抄本。前良村里的"神算子"王生木知道后，就和村里的有识之士商议，一致认为目连戏能保村庄平安，演过目连戏的人会受益无穷，看过目连戏的人会做好人，而且目连戏抄本是戏班演戏的根本所在。他们一起筹措了一

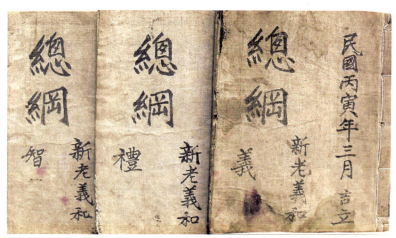

前良村吕维岳老人保存的丙寅年新老义和抄本

保存在新昌档案馆的前良村吕顺铨目连戏抄本

些钱粮和衣服送给老人，老人深受感动，把收藏多年的目连戏抄本奉献出来。王生木和调腔班负责人根据抄本，慢慢地组织村民排

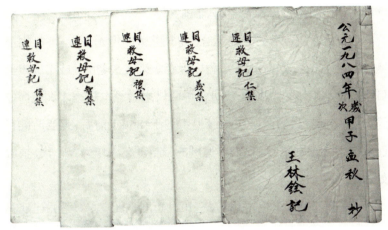

嵊州前良王林铨老人保存的目连戏抄本

练。老人还不时指点帮教了一批演员，把自己的演技传给了前良人。前良目连戏班就这样创建起来了。后来，这个抄本经过村里王渭水（1866—1938）、吕伯禧（1871—1945）两位秀才的多次修正润色，剔除了一些粗俗的内容，基本情节保持不变，唱词更加通俗完美。

除上述说法外，据新昌人潘兆民20世纪80年代的调查记录，根据前良村已故老艺人王维则回忆，前良目连戏是在太平天国以前由绍兴斗门传来的。当时斗门有一个鼓板师傅来附近游玩，随身带着目连戏总纲，前良有心人得知这一情况，出面热情招待，宾主之间十分欢洽，主人提出借看目连戏总纲，客人碍于情面难以推托，又怕目连戏总纲外传，回去难以向班主交代，只好以明日回去为由，限借一宿。谁知前良主人早有准备，请好了八个秀才，花了一夜的工夫，将总纲抄好归还。目连戏就这样传入了前良村。

前良目连戏传承的准确年份及早期艺人已经无法查考。根据前良村的目连戏艺人代代相传，村中保存下来最古老的《咸丰庚申年目连戏抄本》，是村中目连戏班传承两代之后经本村秀才润色而成的。因此，前良村的目连戏班最迟组建于1860年前后。但当时的目连戏艺人已无法查考。现把可追溯的最早期艺人作为第一代，情况如下：

第一代艺人：王生木（1872—1921），能说会道，熟悉目连戏总纲，饰演旦角。王潮水（1879—1940），演董员外，非常爱唱戏，平常做农活时，村民请他唱几句，就会随口唱来。薛一章演刘氏，演技超群，也熟悉总纲。

第二代艺人：王裕宝，王生木之子，掌排演总纲。王林标（1886—1946），掌总纲，管剧务，为排练的组织者。吕士才（约1878年出生，系吕维岳父亲）演傅相，王奇木（1901—1937）演女吊，王维则（1902—?）演小尼姑，王华山（1902—1953）演小和尚，吕喜标（1901—1962）演哑背疯。

第三代艺人：王汉钱（1898—?）为编导，演傅罗卜。吕顺铨（1910—?），鼓板师傅，乐队首要人物，演白神（即无常）。吕维岳（1927—   ）演傅相，王华法（1925—2009）演小尼姑，王德金（1923—1998）演小和尚，吕喜标演哑背疯，薛锦高演女吊，吕

前良村四位目连戏老艺人（从左至右依次为吕香海、陈相堂、吕维岳、王林铨）

梅占（1905—1966）、章财金、王德宝（1934—1992）演男吊，王德章（1931—　）演张蛮，王求章（1922—1998）演张善，吕选铨为正吹，王锡灿（1915—?）为副吹，王银钱（1900—1960）、王增产（1906—?）吹目连嘻头。排练时以王林标收藏的《民国丙寅年新老义和目连戏总纲》为底本，第三代艺人的习艺时间为20世纪40年代，正月始学，至当年十月登台演出。

第四代艺人仍以王汉钱、吕顺铨等人为首。新中国成立后，前良村干部、小学教师、民兵队员等人组建成前良村业余剧团，在老艺人的指导下，排练了若干出现代戏。后改组成立新良绍剧团，目连戏班艺人大都成为绍剧团演员。1956年8月，前良目连戏班在小学操场上搭台演出了目连戏全本，计三日三夜。著名越剧表演艺术家范瑞娟返黄泽故里，闻知前良目连班尚能演出，时值鲁迅逝世二十周年，经范瑞娟和作家魏金枝（嵊州白泥坎人）介绍，戏班三十多人于1956年9月至上海参加鲁迅逝世二十周年纪念演出。两个晚上在天蟾舞台先后演出降星、贺正、出鹤、收鹤、焚香、嘱子、成

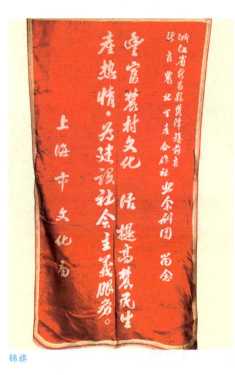

锦旗

服、施食、出骗、舍钗、男吊、女吊、买牲、拆桥、后接旨、白神、邋遢、游殿、遇母等出戏。当时演出男吊的为吕梅占。上海市市长陈毅亲自接见了目连戏艺人，沪上名家赵景深、陈山、魏金枝为这次演出专门召开座谈会，给予高度评价，上海市文联赠送给前良目连戏班一面大锦旗，上书"百花齐放、推陈出新"几个大字。他们在上海住了十五天，回来时，应浙江省文化局局长黄源邀请，又留在杭州的剧场演出了一夜。

前良目连戏班1956年夫上海演出的演员名单

演员	角色
俞岳明	傅相
吕香海	傅罗卜、黑神、邋遢四相公
吕维宏	刘氏
吕梅占、王德宝、章财金	男吊
陶忠生	女吊、祝筒山
赵伯余	女吊
吴炳虹	白神
王湘飞	女斋、观音、尼姑
陈凤东	益利
陈香堂	疯婆、观音、小尼姑
宋方球	瞎婆
吕大相	刘贾、判官
王根仁	圣母
王德金	金哥、小和尚
吕锡堂	小鬼
毛志兴	小鬼、牧童、拖油瓶
吕仁堂	银哥、小猴、沈荣正
王展初	小鬼

备注: 此名录由前良人吕葆真于2009年11月采访老艺人整理而成。

1957年下半年，前良目连戏班曾到邻近的金庭乡华堂村演出了三天三夜，据吕维岳老人回忆，这是上海回来后的最后一次完整演出。

20世纪50年代后期以后，目连戏基本停演。据王林铨老人回忆，唯有1964年左右到灵山乡庙山村慰问生产部队演出过一次。直到1982年，前良村老艺人吕顺铨创办起一个道士班，在嵊县东乡逐渐有了一些名气。当时，新昌调腔剧团为了挖掘目连戏，多方打听，得知前良村保存有抄本，就找到了吕顺铨。1985年，调腔剧团还邀请前良艺人到剧团录音，录制了几十出，从排练到录音，历时二十多天。当时，前良村的目连戏老艺人平均年龄已达六十五岁，新昌调腔剧团的潘兆民等人呼吁要把停演了几十年的目连戏抢救起来。浙江省文化厅下拨了抢救经费，1990年4月，由浙江省艺术研究所、嵊县文化局、新昌调腔剧团三家单位合作，潘兆民和省艺术研究院的陆小秋负责重排前良目连戏部分精彩剧目。用了两个月时间，排练出二十多出精华内容，并拍摄了录像。

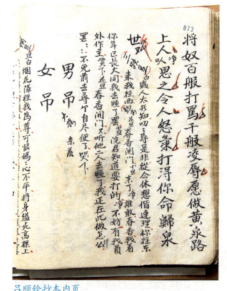

吕顺铨抄本内页

吕香海老人在家中练习调吊

国内外学术界在目连戏国际学术研讨会上得知前良村目连戏的情况，几次慕名前来。1990年9月，日本东京大学教授田仲一成率"中国农村祭祀演剧考察团"到贵州、浙江、江苏三省考察，9月22日晚，他们在浙江绍剧团鉴赏了《无常》、《女吊》、《男吊》等出戏，24日上午在上虞曹娥庙观看了当地太平会演出的哑目连演出录像，24日下午到达嵊县前良村，考察前良村目连戏，26日下午在嵊县剡溪剧场观看了演出。此次演出表演了哑背疯、出鹤、收鹤、思凡、落山、相调、出骗、舍钗、男吊、女吊、自叹等出。扮演男吊的演员是前良村吕梅占之孙、吕香海之子吕春波。这次演出，应该是前良村人最后一次正式演出调吊。之后，2006年，有记者去前良村采访，吕香海曾在村中的大香樟树上表演调吊。

吕春波练习调吊

　　目连戏中的一些绝技，很多都是家族代代传承，前良村中的调吊演员就是如此。吕梅占（1905—1966），吕氏二十八世孙，掌握了调吊的全套动作，是当地有名的泥水匠。1956年曾随前良目连戏班到上海表演调吊。吕梅占去世前的一年，把调吊技艺悉数传授给了儿子吕香海。吕香海又传授给两个儿子吕春波和吕春荣，后来又传给孙子吕伟义。目前吕香海已近七十岁高龄还身康体健，这与他扎实的调吊功底有很大关系。吕春波和吕春荣正当壮年，但已不再从事调吊表演。孙子吕伟义已经大学毕业，在爷爷的调教下，已经学会了三十多个调吊动作。

[伍]上虞哑目莲与调吊

　　上虞境内流传着一种特殊的目连戏表演形式——哑目莲（也有写为"哑目连"者），不用一句唱、念，仅以身段、表情、舞蹈和武技动作，表演刘氏获罪于神明，被无常鬼捉拿后打入地狱的内容，流布于上虞的百官、湖田、叶家埭、崧厦、章家、西华一带。1984年，绍兴戏曲研究专家罗萍曾根据上虞老艺人王银缘提供的线索，找到演出哑目莲的"南湖太平会"的部分老艺人，调查了上虞哑目莲的基本情况。

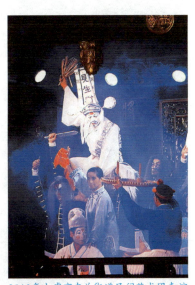

2013年上虞市东关街道民间艺术团表演《哑目莲》

　　哑目莲的演出组织称为"太平会"，一般由村中的富户出资购置戏剧服装，延请此道能人，作为教师，召集村中子弟学习，学成之后，即成为本村"太平会"的成员。农闲时要陆续招收新人，补充缺档的角色，相沿成习。各村的太平会分别冠以地名，以便识别。

　　哑目莲的演出目的，在于祛疫驱祟，保佑地方平安。"太平会"的称谓，即源于此。参与太平会的演出者，不为谋生获利，仅借此积德而已。演出成员没有像其他职业演出团体那样的"包银"，因而，

哑目莲中的《男吊》表演

太平会是一种非职业性的演出团休。

哑目莲的演员，大多为农民。平时务农，演出活动集中在三月、五月、七八月三段时间。每逢神佛生辰庙会，上虞习俗多演戏敬神，亲友聚观，热闹非凡。此时便是太平会的演出时机。哑目莲的演出，须在庙台，时间也是在白天。演出之前，演出者需斋戒沐浴，演出之日，先派人将本村太平会的会旗插在庙台口，表明将有哑目莲的演出。

哑目莲的演出，截取了《目连救母》中无常、恶鬼捉刘氏的片段，加以敷演而成，可演出三个多小时。根据罗萍在《浙东民间哑剧——"哑目莲"》一文中的记录，大致的程式关目为：

出韦陀——镇邪。

出观音——降吉。

跳鬼王——有喷火、朝天蹬单腿移步等特技。

阎王发大牌——发出捉拿刘氏

070 调吊

阎王发五鬼

的牌票。

刘氏得病。

瞎子卜课——刘氏得病后，刘家家丁请瞎子为刘氏卜课，瞎子表示刘家家有恶鬼，须送夜头（一种送鬼仪式）。

出家仙——刘氏家的家神。

调无常。

送夜头——家丁送夜头，遇活无常戏弄之。

前夜魃头——夜魃头送牌票过场。

调女吊。

调男吊——男、女吊相争，韦陀驱女吊入后台。调男吊，男吊调完，韦陀一鞭，把男吊打落台下，观众鼓噪。

调文科场魃——读书赴试，死于科场之鬼。

调武科场魃——习武赴试，死于科场之鬼。

出五方恶鬼。

后夜魃头——夜魃头至无常家，

请活无常共去捉刘氏，活无常酒兴正酣，不愿同去，夜魃头苦苦求之，乃同去。

前抲刘氏——夜魃头偕活无常同来捉拿刘氏，家神护刘氏，夜魃头、活无常反被家神欺辱，刘氏未捉成。

后阎王——夜魃头、活无常共诉阎王，阎王差邀遏四相公（五方恶鬼之头脑）、死无常、五方恶鬼与夜魃头、活无常同去捉刘氏。此场出场角色还有牛头、马面、左右门神及短笔头师爷等。

后抲刘氏——上述鬼捉刘氏，有"穿韧线"、"卧钢叉"等特技。刘氏被捉。

大出丧——刘氏死后出丧。前有对锣、梅花，接着出幡材罩（表示棺材）、纸凉亭，大少爷（非刘氏之子，类似刘家之管家）捧刘氏牌位，诵念道士后随之。

哑目莲的演出，其最大特点就是"哑"，长达三个多小时的演出中没有一句道白，没有一句唱词，唯以目连号子、锣、鼓、钹等乐器伴奏，烘托气氛。演出前后和演出中又有许多禁忌，如男吊演员，勾脸时不画唇下的舌头，尚可作简单的交谈，若画上了舌头，饰男吊的演员，就不得再开口说话。

20世纪80年代，在中国文化部"文艺集成志书总部"的精心谋划和直接指导下，我国各省、市、自治区都大规模开展了对民间文艺各个门类的调查、搜集和整理工作，并进而形成了《中国民族民间舞蹈集成》、《中国民间音乐集成》、《中国戏曲志》、《中国戏曲音乐集成》、《中国曲艺志》、《中国曲艺音乐集成》等十套极富历史价值的重要文献。当时，为配合做好这次调查工作，三十多名业余演员及文化馆工作人员在百官镇进行了一个星期的封闭式排练，拍摄了演出录像。

随着老艺人们的先后离世，哑目莲濒临失传。曾参加20世纪80年代演出录像的仅存五六人，其中男吊演员徐关成（1964年生），当时在赵海夫（？—2011）等人（其中为主传授的是一名崧厦哑目莲艺人，具体情况已无法追溯）的指点下学习男吊技艺，使这一技艺得到了薪火相传。

2007年1月，哑目莲进入上虞市第一批非物质文化遗产保护名录，同年6月，进入浙江省第二批非物质文化遗产保护名录。近几年，上虞市文化馆积极组织对哑目莲的调查，恢复排练传统演出内容，已经取得了初步成效。

调吊的表演

调吊的表演，难度大，技巧性强。不论是纯粹的杂技表演，还是目连戏中作为男吊的演出，都十分吸引观众的眼球，历来为群众所喜爱。

调吊的表演

    调吊的表演,难度大,技巧性强。不论是纯粹的杂技表演,还是目连戏中作为男吊的演出,都十分吸引观众的眼球,历来为群众所喜爱。调吊演出的设备很简单,主要是一条长约十丈的布匹。本章主要通过对调吊表演形式和特征的分析,并选取较有代表性的动作来展开介绍,使读者对调吊表演动作有较为直观的了解。

[壹]调吊的表演形式

    第一,作为目连戏中的"男吊"表演。因剧情需要,演员赤足赤膊,只穿一条牛犊短裤,脸饰恐怖的白底,八字眉,眼睛和鼻子下呈现血色,嘴唇下腥红色的一块三角形,意为拖出来的舌头。出台前,随着凄厉的目连嗳头声,将事前在台上横梁里吊着的布放下来,演员以筋斗出场亮相,然后蹿上吊布,开始做各种有名目的动作。后场乐器主要有目连嗳头、锣、鼓、钹。

    第二,作为一项民间体育表演。在运动场上,用四辆自行车排成四方形,每辆车上竖起一根竹竿,然后再用竹竿,以交叉的方法把四辆自行车上的竹竿连接起来,在交叉点上系上吊布,表演者在四辆自行车同时行驶之时,在悬挂的吊布上表演各种精彩的动作。

第三，作为一项空中杂技，单独在舞台上表演。在舞台中央的上方，离台高度不低于6米处有一支点，即可悬挂吊布，表演者就可以在吊布上表演动作。与出演目连戏中的"男吊"不同，在运动场、杂技舞台上的调吊表演，演员不需要饰脸，服饰也没有特别的要求，表演时可配以与调吊动作相适配的富有民族特色的音乐。

[贰]调吊的表演特征

第一，纯肢体动作的表演。调吊的表演，是纯粹的肢体动作，演员从上台到下台，没有一句台词。艺人在长期的演出实践中，创造出十分形象和复杂的动作，仅靠一块吊布，其表演就夺人眼球，赢得观众的喜爱。

第二，动作的生活化。调吊的很多动作是艺人通过观察虫、鸟、鱼、兽等动物以及从日常生活中受到启发而创造出来的。如看到青蛙从岸上纵身跳到水里，就创造出"青蛙劈水"的动作；看到鱼窜出水面，又创造出"鲤鱼跳龙门"的动作；看到寺庙里的大钟，就创造出惊险的"倒挂紫金钟"；还有如"梁上眠"、"童子拜观音"、"孔雀

金光侠表演"童子拜观音"

金光侠表演"梁上眠"

开屏"等动作都十分生动形象。

第三，表演的高难度。调吊的动作从脚到头，分四个部分，先吊下肢，后吊身躯，再吊上肢，最后吊颈部。艺人自定"九"为一个单位，用四肢动作左右重复，共八九七十二吊（只为约数）。表演者时而窜到台顶，时而猛扑下来，时而钻进布圈，时而钻出，时而翻滚，时而飞旋，吊出各种名目的动作。表演时，表演者并没有保险带等安全措施，也没有其他辅助设备，全凭个人的实力完成，一些惊险动作存在一定的危险性。七十二个动作的表演，需要一气呵成，一般表演时间为三四十分钟。完成这些动作，对表演者的身体力量、柔韧、协调等能力要求都非常高。表演者需常年坚持练习，才能确保技艺水平维持在较好的状态，才能在吊布上保质保量地连续完成全套动作。

[叁]调吊动作及分解

根据调吊项目的国家级代表性传承人金寿昌、省级代表性传承人金光侠的部分调吊表演动作，动作名称及表演顺序如下：

1. 鲤鱼穿滩；2. 单脚勾；3. 凤凰撒翼；4. 双脚勾；5. 单穿靴；6. 单脱靴；7. 双穿靴；8. 双脱靴；9. 左踝弯钓；10. 右踝弯钓；11. 双踝弯钓；12. 左绞花；13. 右绞花；14. 双绞花；15. 坐窗望月；16. 骑马（左）开弓；17. 骑马（右）开弓；18. 翻马（左）射箭；19. 翻马（右）射箭；20. 童子拜观音；21. 大燕南归；22. 金鸡独立；23. 前朝骨；

24. 后朝骨；25. 左朝骨；26. 右朝骨；27. 猴子偷桃；28. 大字形；29. 鲤鱼跳龙门；30. 梁上眠；31. 蜘蛛收丝；32. 蜘蛛盘丝；33. 蜘蛛放丝；34. 一分为二（分布）；35. 横立；36. 头、脚左右翻滚；37. 河虾弹腾；38. 含蚓弹腾；39. 如鱼得水；40. 脱裤；41. 单臂、单足（左右）

金光侠表演"含蚓弹腾"

金光侠表演"凤凰搬翼"

金光侠表演"鲤鱼穿滩"

金光侠表演"一字形"

金光侠表演"太公钓鱼"

金光侠表演"骑马（右）开弓"

金光侠表演"单臂水平"　　　　金光侠表演"悬垂十字"

翻滚；42. 一字形；43. 穿裤；44. 双线大字形；45. 海底捞月；46. 青蛙扑水（前扑）；47. 青蛙扑水（左）；48. 青蛙扑水（右）；49. 老鹰打旋；50. 单翅打旋；51. 蛟龙出水；52. 正挺转；53. 反身转；54. 滚丝左转；55. 滚丝右转；56. 螺旋转；57. 单臂单膝转；58. 双膝垂旋；59. 垂钻旋；60. 蜻蜓点水；61. 双肩倒立；62. 田鸡剥皮；63. 饿虎扑羊；64. 前X字架；65. 后X字架；66. 天门枕；67. 金蝉脱壳；68. 悬垂十字；69. 前水平；70. 前回环；71. 后回环；72. 左腾身；73. 右腾身；74. 双十架（正）；75. 双十架（倒）；76. 单臂水平；77. 赛旗；78. 空中悬垂；79. 太公观鱼；80. 太公钓鱼。

　　现将调吊最为经典部分，按单条布和双条布动作进行分解介绍。调吊的分解动作，1982年曾经金寿昌、金国梁、许耿燕整理，刊登于《浙江体育史料》第一辑和《绍兴市志》上。省级代表性传承人金光侠根据自己的训练体会,对动作的文字部分作了完善。

1. 单布动作简介

(1)凤凰撒翼(也称:凤凰展翅)(图1—2)

用手抓布,并将一脚的脚背挂住布条成倒悬垂(图1),然后利用腰

《浙江体育史料》(1982.1)

部力量使身体左(或右)侧并尽量抬起上身伸开双臂(图2),使躯干和腿与地面平行,形如一只振翅飞翔的凤凰。

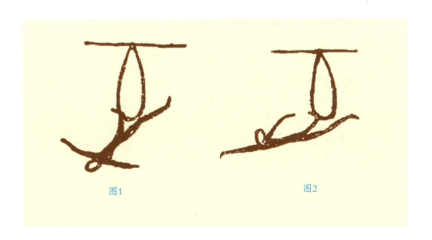

图1   图2

（2）鲤鱼穿滩（图3—5）

双手正握布条，收腹举双腿成折体悬垂（图3），然后利用挺腹并向前或向后蹬腿的力量使身体保持仰水平或俯水平。仰水平状称为鲤鱼前穿滩（图4），俯水平状则称为鲤鱼后穿滩；若将两腿向后蹬出，同时转肩挺腹使身体保持俯水平（图5），称之为鲤鱼穿滩，似于吊环的后水平动作。

（3）双滞头（也称双勾、倒种荷花）（图6—10）

双手抓布收腹举腿使两脚背挂在吊布上，然后放开双手使身体下垂成倒悬垂（图6），此时两臂靠近身体。

接着利用摆臂及收腹力量使上体仰起，双手同时抓布成屈体悬垂（图7）。

然后双手用力抓布并向上引体，同时一腿向前伸直，一腿屈膝挂布上成单挂膝悬垂（也称单勾）（图8）。

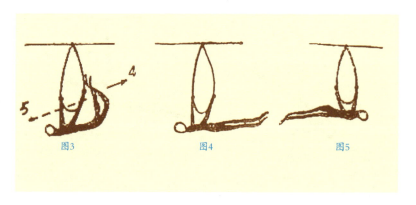

图3   图4   图5

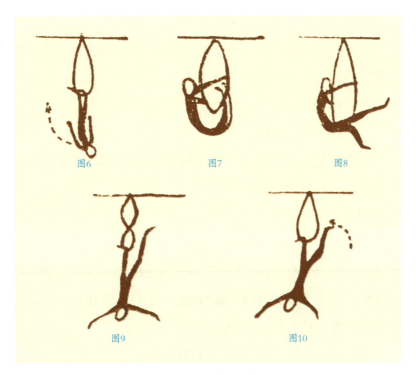

图6   图7   图8

图9   图10

　　紧接着便是双手扭转布条，同时身体迅速后倒成悬垂，此时扭转之布条已将一脚之脚背套住，另一脚则伸直在外，由于形同穿靴，故名单穿靴（图9）。

　　最后将布外的一腿收缩并往裹住另一脚背的吊布上蹬去，使吊布收紧脚背，形同脱靴（图10）。

　　若用吊布将两只脚背一起缠住，则称"双穿靴"，此时只要将倒悬的身体迅速而有力地往下一伸使吊布自然收紧，就成为双脱靴。

　　以上是单条布，低部位（也称"下足"）的几个简单动作的上法。表演者在完成一整套下足动作后，通过继续抓布攀登动作，使身体跃升到中空，然后在空中做一些平衡动作的静止动作，为紧接着在中空做动作过渡。如：

　　（4）坐窗望月（图11）

　　将臀部坐在吊布上，两臂向两侧自然伸展，形似推窗，手不抓布，面带笑容，微抬头神似望月动作。

　　（5）翻马（图12）

　　就在表演者悠然自得地坐在吊布上仰望皎洁的月亮之际，突然将身体迅速后倒，犹如骑马人一下子从马鞍上翻滚下来那样，使人惊恐，但此时却见表演者利用臀部及两腿将吊布夹住，使其身子倒悬在半空，很似骑马术中的蹬里藏身模样。

　　（6）骑马射箭（或称骑马开弓）（图13）

　　紧接着翻马动作以后，表演者利用其有力的腹背肌肉收腹摆臂使上体仰起向上，双手迅速抓布，然后屈一臂一腿，伸一臂一腿，使两臂犹似张弓射箭中的外侧坐。

　　（7）左（右）射弓（图14）

　　在骑马射箭后，表演者利用双手抓布迅速将上体向上提升，同时双脚蹬住吊布，此时再放开双手，前后伸展。若是右脚向右侧伸直蹬布则为右射弓，反之则为左射弓。

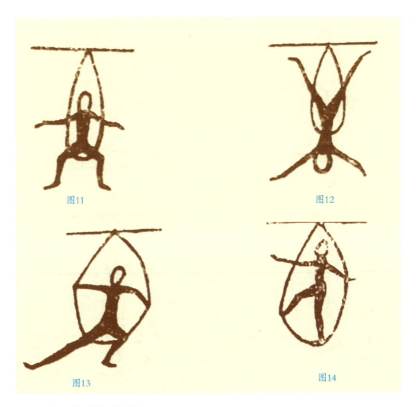

图11

图12

图13

图14

（8）童子拜月（图15）

当左右射弓动作做过以后，仍用双手抓布，并使两腿并拢屈膝跪于布上，然后双手放开布条，屈肘前伸做拜月动作，静止几秒，要求抬头挺胸。

（9）大字形（图16）

拜月完毕，用双手抓布，收起双腿，双脚蹬布，然后两腿左右分

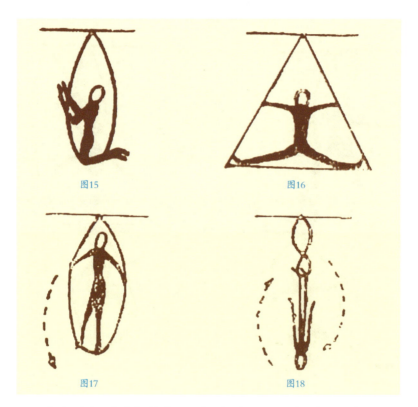

图15 图16

图17 图18

开成直线，用脚掌内侧着布。要求：挺胸，立腰，挺膝。双手同时向左右两侧推布，使人体成"大"字形。

（10）前（后、左、右）朝骨（图17—18）

完成大字形以后人体直立，双手持布（图17），然后用双脚分别将吊布缠住脚背踝关节处，接着两臂松布紧贴体侧，迅速直体前倒成悬垂姿势（图18），在稍停之后通过摆臂，收腹仰起抓布，使身体还原成动作之前的状态，然后做身体直体后倒成倒悬垂。如此做完前、后、左、右四个方向的动作。

（11）挑螺蛳（图19）

将颈部置于吊布上，两腿并拢后屈，同时反臂用双手分别握住两脚的踝关节，要求挺腹、拔腿。

（12）蜘蛛盘丝（图20）

双手连续抓布使人体上攀到高约3.5米或更高的顶上，然后用手陆续收布置于肚脐眼前，表示蜘蛛在盘丝。

（13）蜘蛛放丝（图21）

收丝完毕后，突然来个倒坠动作，但也就在表演者头朝下、双手双脚都分开的自然下坠之际，通过同时下坠的吊布，用分腿的动作紧紧夹住布条。这个动作是整套动作中比较难的一个，表演者如果没有深厚的功底就很可能会一头栽下来，造成损伤事故。

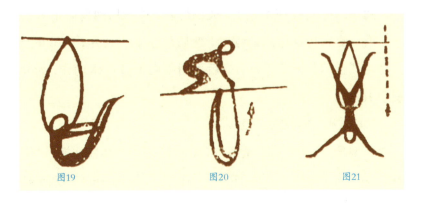

图19　　　　　　图20　　　　　　图21

2. 双吊（或称分布）

（1）饿虎扑羊（图22—24）

表演者并腿屈膝蹲在一条布上，双手抓住另一条布作饿虎蹲伏状（图22）。

接着两腿用力蹬布，抓布的双手迅速向前扑倒，同时两臂迅速伸直，使身体在手、脚四点的支撑下成俯水平姿势（图23）。

然后，表演者分别将同侧的臂和腿挂在不同的吊布上，另一侧的腿则向后屈膝，同时不抓布的手后伸握住屈膝腿的踝关节，犹如可怜的羔羊已束手就擒（图24）。

（2）蜻蜓点水（图25）

从直臂倒立开始双手分别向内、向外晃动数次。

（3）青蛙劈水（图26）

两脚背分别挂在吊布上，成倒悬垂，接着用两臂向前做劈水动作，使布与身体向前摆动，然后停止手的动作，让吊布及人体习惯性自然向后摆动，最后再用手向前做劈水动作，如此反复几次。

（4）老鹰打旋（图27—29）

先倒悬垂，并用脚绞紧吊布（图27），然后上体前仰抓布（图28），将吊布下端分开，使颈部置于一吊布上，另一吊布则用双足挂

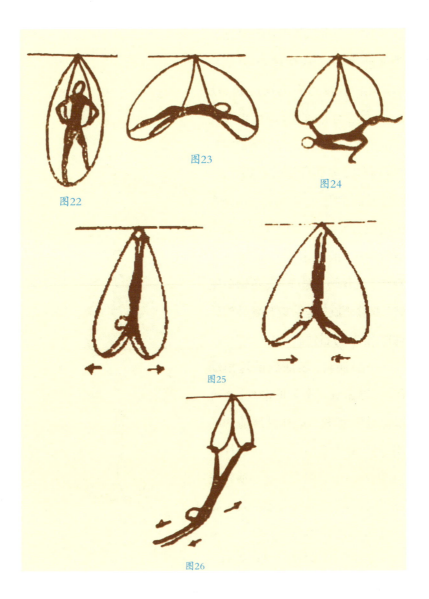

图22

图23

图24

图25

图26

住并蹬开使身体伸直成仰卧状,头昂起,两手向两侧撑开,然后吊布开始向相反方向迅速旋转(图29)。最后至布旋松以后,再收缩身子使布纽紧,接着再用两足蹬开使布旋转,如此反复做约5分钟。在旋转的过程中,表演者在两条布上还做着各种有名目的动作。如:单翅打旋、蛟龙出水、正挺转、反身转、滚丝转、螺旋转、单臂单膝转、双膝垂旋、垂钻旋等各种旋转动作,很有可看性。

　　一般而言,表演到做这组动作时,已做完了多半的动作,也可以说是整套调吊动作结尾前的高潮部分,对于表演者而言已很耗体力,但对一个训练有素的表演者来说,是为接下去做结束前的几个高难用力动作做"养力"准备。

　　以上是调吊的部分动作介绍,

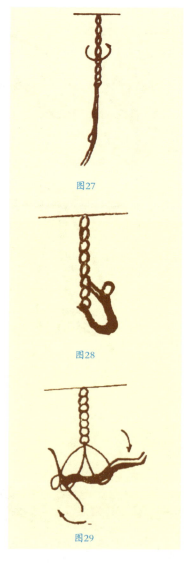

图27

图28

图29

在调吊的历史中，通过艺人们的不断摸索实践，从起初在布上的几个简单摇摆动作，发展到"十八吊"、"四十九吊"、"七十二吊"，最后发展到"一百零八吊"。在实际表演时，艺人们也会根据自己当时的体力状况和现场氛围来调整动作的多少和顺序。

调吊的价值

调吊与目连戏的紧密结
合，使这一项目以多种不
同的形式呈现。其地域的
独特性、表演的精彩度，
均不同程度地凸显了项目
本身的价值。

调吊的价值

作为绍兴市在"传统体育、杂技与竞技"这一大类中的唯一一个国家级非物质文化遗产代表作项目,调吊的保护和传承有着重要的意义。不单如此,据目前已知的信息来看,调吊又是绍兴独有的保护项目,为其他地方所无。此外,调吊与目连戏的紧密结合,又使这一项目以多种不同的形式呈现。其地域的独特性、表演的精彩度,均不同程度地凸显了项目本身的价值。

[壹]调吊的学术文化价值

调吊的学术文化价值,在于它的演艺化中,连接了古代的"驱傩"和"目连戏"传统。

绍兴第一个有名的"调吊"艺人金阿祥是调吊演艺化的重要开拓者。金阿祥练成调吊技艺后,开始参加迎神赛会和庙会中的表演,此时的表演属于杂耍和杂技。后来客串专业剧团的"大戏"(目连戏)演出,作为其中的精彩节目,有"票房卖点"的作用,尤其和"女吊"一起演出,在清末为少年时期的鲁迅所见,更赋予了特殊的文化意义。

男吊程式成熟后的表演十分惊险,有惊心动魄之感。鲁迅在

金寿昌"男吊"剧照（20世纪50年代摄于上海老闸大戏院）

《女吊》中说，男吊"面施几笔粉墨"，一登台，"径奔悬布"就吊。据黄中海老师采访扮演男吊的老演员金寿康的记录，他家三代扮演男吊，出台还要精彩些。随着目连嗝头的凄厉音，事前在台上横梁里吊着的两圈白布放了下来。一阵烟火，男吊从出台处一个筋斗翻到台前的对角处；稍一亮相，又一个筋斗翻回原处……这时，观众才看清男吊可怕的脸：白底、八字眉、眼睛和鼻子下都有血，嘴唇下还有三角形的红块，表示拖出来的舌头。

演员为表演需要，必须赤足赤膊，只穿一条"犊鼻裤"。吊的动作从脚到头、下肢、身躯、腰胁、肘弯、颈部等。开始，演员自定"九"为一个单位，四肢动作左右重复，约吊八个单位，共"七十二吊"；后来，随着演出程式的成熟，观众对系列动作的"定格亮相"要求提高，每套动作也有了各自的名称。比如第一招亮相的"老鹰钻天飞"，就是一套动作；"倒种荷花"、"童子拜观音"、"太公钓鱼"等同样是一组动作。这样的程式，迄今已经超过了七十二种。这些有名堂的动作，许多是艺人从生活中得到启发而创造出来的仿生动作。

杂技性的"男吊"在目连戏中的出演，超越了它单独作为一种技艺的范畴，赋予了它新的特定的艺术生命和深远的意义。调吊在目连戏中的出演或者说被借用，它的文化意象及深层含义到底是什么？有不少关于调吊的文章中说，"男吊表演的是一个被黑暗势力所惑而走上嬉赌歧路的穷汉，最后因穷困潦倒而上吊寻死，阴魂不散，玩弄吊术，寻找替代的故事"。还有说，"男吊表演的是一个屈死的冤魂，他因遭受官宦人家段公子的迫害，抢走并逼死其未婚妻，在力争而无可奈何的情况下，被迫悬梁自尽，终丁变成厉鬼，寻找仇人进行报复"。这种说法是世俗层面的口传，与欣赏和解读无关。的确，就绍兴目连戏的《女吊》、《无常》、《男吊》这三出戏而言，前两出是比较容易明白的。《女吊》说的是社会下层的女人在遭受迫害而死后"带复仇性的，比别的一切鬼魂更美、更强的鬼魂"（鲁迅语），演员大段的唱段是在陈述主人公生前老鸨怎样迫害她，以及她的复仇心愿。这出戏的韵味在于生前她是一个弱小的女子，而死后成鬼便变得强有力了起来。而《无常》则是说了其一家的穷困，与前来祭奠亡灵的人周旋，以获得一点儿祭品给家人裹腹的情节，塑造了"鬼而人，理而情，可怖而可爱"（鲁迅语）的形象。前两出戏演员可以用大段的唱段也就是用语言来陈述表达其思想感情，而《男吊》则不同，没有唱段，也没有一句台词独白，它是借用吊术的表演，纯粹运用肢体语言来表达其思想情节，是以单方面的表演塑造了对方的存在，这尤其符合中国的冥界理论——鬼是看不见的，因而在美学上似乎更有价值，难怪理解起来有些困难。

　　鲁迅什么时候看到"男吊"？鲁迅在生命的最后一年，最后的绝笔《因太炎先生而想起的二三事》之前一月，即1936年9月19至20日，写出了他心中的绝唱《女吊》。此前半月，鲁迅写下了类似于"遗嘱"

的《死》（1936年9月5日）。在《女吊》这篇文章里，鲁迅用他的如椽大笔，为"男吊"留下了传世的精彩记录：

> 台上吹起悲凉的喇叭来，中央的横梁上，原有一团布，也在这时放下，长约戏台高度的五分之二。看客们都屏着气，台上就闯出一个不穿衣裤，只有一条犊鼻裤，面施几笔粉墨的男人，他就是"男吊"。一登台，径奔悬布，像蜘蛛的死守着蛛丝，也如结网，在这上面钻，挂。他用布吊着各处：腰、胁、胯下、肘弯、腿弯、后项窝……一共七七四十九处。最后才是脖子，但是并不真套进去的，两手扳着布，将颈子一伸，就跳下，走掉了。这"男吊"最不易跳，演目连戏时，独有这一个脚色须特请专门的戏子。

据金氏第四代调吊传承人金光侠介绍，鲁迅先生已写出了调吊动作的要点和精髓，但发展到后来，不但吊数增加，而且动作程式也更加复杂，更加精彩。鲁迅先生什么时候看到"男吊"？鲁迅自己说得很明确："我所知道的是四十年前的绍兴"，即1896年前；其次，还有充当"义勇鬼"的事实，十余岁，而且应该在十五岁之前。从调吊世家的传承谱系看，看到的应该是第一代金阿祥的表演。可见，"男吊"在金阿祥表演时，动作程式已经相对完善。另外，鲁迅可能看到不止一次。

鲁迅的美学思想博大幽深，不可贸然断言。但有一点很奇怪，而学者较少言及，就是鲁迅对"女吊"那种凄美的倾心和欣赏。

　　他们就在戏剧上创造了一个带复仇性的，比别的一切鬼魂更美、更强的鬼魂。这就是"女吊"。我以为绍兴有两种特色的鬼，一种是表现对于死的无可奈何，而且随随便便的"无常"，我已经在《朝华夕拾》里得了绍介给全国读者的光荣了，这回就轮到别一种。

　　若说"那怕你，铜墙铁壁！那怕你，皇亲国戚！"的可怖而可爱的"无常"，是一种参透了生死的智者的美学理想；复仇的"女吊"，则可回溯到越王勾践时期的文化遗产，直至明末，"会稽乃报仇雪耻之乡，非藏污纳垢之地"。有日本学者丸尾常喜将鲁迅一生的作品，归纳为"耻辱和恢复"，也许有些道理。

　　在《女吊》一文中，鲁迅说："或许是得了恶鬼保佑的缘故吧"；又说："明社垂绝，越人起义而死者不少，到清被称为叛贼，我们就这样一同招待他们的英灵。"鲁迅在绝笔《因太炎先生而想起的二三事》中又说："我的爱护中华民国，焦唇敝舌，恐其衰微，大半正为了使我们得有剪辫的自由……""剪辫"是个象征，意指中华民国的"光

女吊表演

复", 与现在的 "民族复兴" 同义。人之将死其言也善, 这是真话, 而不是反讽。

鲁迅是这样一个精灵, 他参透了生死, 激赏复仇的 "女吊"、不易跳的 "男吊", 借此祭奠明社垂绝时越人的英灵和开创民国的英雄们。

纪念鲁迅活动中, 乡人用调吊来纪念鲁迅是非常适合的。这

无常表演

既是鬼戏, 带有些许恐怖氛围; 也是先生生前爱看, 并在晚年寄予了重要美学理想的戏。鬼世界, 就是我们先人的世界, 那里有更美、更强的灵魂, 比如鲁迅。

演鬼戏, 尤其是用调吊来纪念鲁迅, 几乎成了一个传统。这传统的背后, 是后人对于先人的崇敬, 对于民族文化的继承。

[贰]调吊的艺术欣赏价值

两百多年来, 世代艺人从生活中提炼加工出精彩的调吊动作, 创造了许多如 "童子拜月"、"金鸡独立"、"悬垂十字"、"老鹰打旋"、"蜻蜓点水"、"饿虎扑羊"、"蜘蛛放丝" 等高难度动作, 不仅惊险刺激, 而且极具艺术性和欣赏性。其运用肢体语言、哑剧形式

表演，表演通俗易懂，极具艺术感染力，不仅为国内百姓喜闻乐见，也有利于海外文化交流。调吊作为绍兴目连戏中的经典内容，与《女吊》、《无常》一起成为最具绍兴地域特色的演出内容，为其他地方目连戏所无，因此，历来受到国内外戏剧研究者的关注和重视。日本学者就曾来绍兴调研，并撰写了研究文章。浙江绍剧团在传承目连戏的工作中，把《男吊》、《女吊》、《无常》作为最为经典的节目，称之为"绍剧三绝"。新昌调腔剧团也把上述三个折子戏作为最具特色的演出内容，参加各级各类演出和比赛，获得过多种奖项。杭州杂技团也曾在调吊演员的指导下，发展出"绸吊"的表演形式。鲁迅先生爱看的调吊这个项目，值得演艺界人士借鉴，使其焕发出更大的艺术魅力。

男吊的这些肢体语言，穿插在目连戏的舞台中，是如何来表达的呢？其实，艺人用一系列带有情节性的动作，塑造了你所看不到的另一个形象——对手。所以，"男吊"完全可以用"一场看不见对手的殊死战斗"来概括。从表面上看，似乎是一个人出现在吊绳上到死亡这个过程，中间凝结、展示了一个生命面对死亡所深含着的恐惧、抗争、挣扎、屈服这样几个不同的状态。但实质上它真正想要表达或反映的是旧时一个被压迫者内心挣扎、呐喊、控诉的过程。在"吟罢低眉无写处"，"短歌微言不能长"的黑暗年代，一些底层民众，出于对现实的无奈，只能通过演鬼戏，"上吊"这种特殊的肢体语言形式，来表达对时政的不满与抗争，影射当时社会的黑暗与丑恶。与朦胧诗有些相似，演员设计得很巧妙，男吊的表演虽然只有一个角色，但体现的是两个形象，一个是看不见对手的鬼，隐喻旧时黑暗与丑恶势力，千方百计地要把人压迫窒息；一个是人，一个深受欺压的被压迫者，如何想方设法挣扎逃脱那些"吸血吃肉的凶手或其帮闲们"（鲁迅语），但最后终究逃脱不了，被鬼讨替代而被吊死的命运，表演情节充满着一种历史的悲凉感。所以最后一个动作"太公钓鱼"，形如人寻短"上吊"状。想想这个设计，看看这些动作，真有鲁迅说的"纠缠如毒蛇，执着如怨鬼"的感觉。

[叁]调吊的体育健身价值

作为一个传统体育项目，"调吊"要一个人在一块悬布上完成一整套静、动、旋、转、翻等高难度的动作，对发展人体的力量、灵敏、柔韧、速度、耐力等各项身体素质，都具有很高的价值。前庭耐力是飞行学员必备的特殊身体素质之一，不然在飞行中容易出现头晕、头痛、恶心呕吐、面色苍白等晕机症状，进而引起飞行错觉，影响飞行员的判断能力、操纵耐力和反应速度，危及飞行安全。目前，用于前庭耐力训练的项目主要有电动转椅、四柱秋千、固

1953年在天津举行的全国民族形式体育表演及竞赛大会开幕式

滚、旋椅旋梯、地面旋转操等。"调吊"动作，对前庭耐力训练是全方位的，通过调吊训练能够得到增强。

因此，调吊的体育价值，对于军队特种兵的训练，以及其他竞技体育项目和民间体育项目都有一定的借鉴和参考价值。

调吊作为体育运动得到记载的，是1953年9月6日至10日在上海虹口体育场举行的华东区第一届人民体育运动大会的《秩序册》。作为开幕式上"民族形式体育表演"第一场的第一个节目，有其特殊的地位。这是浙江省选送的唯一一个"民族形式体育"代表队，由九位红色号牌的队员组成，"调吊"节目组的运动员获得了表演优胜奖章。

1953年11月8日至12日，在天津市第二体育场举行了"全国民族形式体育表演及竞赛大会"（1984年国家体委、国家民委定为第一届全国少数民族传统体育运动会）。其中，调吊的表演时间为8日上午，归类于"民间体育表演"中，时间为20分钟。11日下午，调吊再次进行表演。

参加该大会表演调吊的金寿康在这届大会上获得了金质奖章。金寿康过世时，他的家人遵照他本人的意思，将这枚珍贵的奖章佩挂于其胸前，随其安息于另一个世界。

调吊是一种空中悬垂运动，调吊的演员必须具备极好的身体素质，经过长期训练，才能在吊布上完成一系列的表演动作。旧时，调

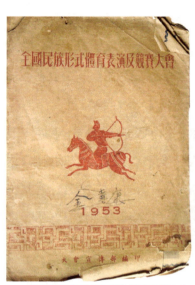

1953年全国民族形式体育表演及竞赛大会《秩序册》封面

1953年金寿康表演的调吊刊登在《人民日报》上

吊演员都是从小开始学艺，打下扎实的基本功，才可以学习调吊的动作。

　　毕业于浙江师范学院体育系，金氏调吊的唯一女性传承人金月珍，在任杭州健美队教练时，用专业的知识做过一次有益的尝试：她将二十一个进行健美训练的队员，分成两组，其中一组的十个队员在训练时，除了使用常规的健美器材外，附加了练习调吊的训练项目。在六个月的训练中，每三个月分别对两组训练人员的各项机能进行了两次测量，并对身高、体重、颈围、肩围、腰围、胸围、臂围、腿围、心率等数据做了详细的记录和比较分析。对比发现，通过调吊技巧的短时期训练，能使练习者的肌肉、体型、体态得到改善，身体各项素质得以全面提高。

20世纪80年代金月珍练习调吊——摄于浙江师范学院

在许多竞技体育项目中，往往要求运动员做出各种优美的动作造型，而调吊动作有许多值得借鉴之处。金月珍所做的试验也证明了这一点：健美运动员通过附加调吊技巧的训练，使学员在健美比赛中的姿势造型、动作想象力以及技巧与音乐的配合上，显得更胜一筹。

调吊的传承

在二百多年的历史中，调吊技艺通过代代艺人的创造和发展，得到了很好的传播和传承。根据前期调查掌握的情况，目前绍兴范围内尚有近二十名新老传承人，散布于绍兴城区、上虞区、嵊州市、新昌县。

调吊的传承

在二百多年的历史中，调吊技艺通过代代艺人的创造和发展，得到了很好的传播和传承。根据前期调查掌握的情况，目前绍兴范围内尚有近二十名新老传承人，散布于绍兴城区、上虞区、嵊州市、新昌县。这些传承人，有八十多岁的国家级代表性传承人，也有初学技艺二十岁左右的年轻演员；既有民间的业余演员，也有职业剧团的专业演员。从20世纪50年代末期以来，虽然演出次数急剧减少，但调吊的传承人却表现出了高度的责任感，通过父子相传、师徒相传的方式，分别把这门绝技传承了下来。

[壹]调吊的传承谱系

1. 金氏调吊世家的传承

第一代：

金阿祥（1856—1929），世居绍兴城区仓桥头，安徽"三上吊"的继承者和创新者，金氏调吊的开拓者。主要活动年限：1890—1920年；主要创新："十八吊"至"四十九吊"的系列动作。育有四子。

第二代：

（1）金新发（1900—1991），金阿祥次子，艺名"满天飞"。20

世纪20年代，经常受聘于众多绍兴大班的民间班社，表演调吊（男吊）、无常。

（2）金新友（1902—1967），金阿祥二子，艺名"飞飞飞"。自1937年组建目连戏班，至新中国成立前夕结束，历时十二年，颇有声誉。20世纪20年代至40年代，经常受聘于老鸿庆舞台、新鸿庆舞台、桂发舞台、茂源舞台、老闸戏院、天蟾舞台、同春舞台等众多的绍兴乱弹民间班社，表演调吊（男吊）、无常。继承其父金阿祥调吊技艺并有较大发展，声名鹊起，誉满全浙，是调吊技术的创新者和集大成者。

（3）金毛毛（1904—？），金阿祥四子，能表演调吊的部分动作。

第三代：

（1）金寿康（1929—1988），金新友长子，艺名"筱飞飞"，新中国成立前后活跃在舞台和体育场上。1951年下半年，首次在绍兴的大教场进行比赛表演，后被推荐到宁波地区进行比赛表演，经过宁绍地区的选拔，同年底，在杭州参加了浙江省第一届体育运动会。1953年9月，参加华东区第一届人民体育运动大会，荣获表演优胜奖章；同年底，代表华东区参加全国民族形式体育表演及竞赛大会，荣获金质奖章。1955年，参加浙江省第一届民间、古典音乐舞蹈观摩演出大会，荣获奖状。1961年，参加鲁迅诞辰八十周年汇演。子女均未习艺。

2. 金寿昌（1933—   ），金新友次子，又名金长林，艺名"筱燕飞"，七岁习艺，十三岁参加演出，新中国成立后客串过浙江绍剧团、易风绍剧团、同兴绍剧团、新民绍剧团等剧团的调吊演出。对调吊技艺又有创新，把"七十二吊"发展成"一百零八吊"。其父金新友在临终前秘传他最后三个高、难、险动作，可谓第二代传承人的传世之作。金寿昌育有四子二女，有二子一女习艺，改变了"传男不传女"的族规。他为调吊的继承和发展付出了很大的心血，2009年6月，被国家文化部认定为调吊项目的国家级代表性传承人。

第四代（均为金寿昌幼年习艺的子女）：

（1）金国梁（1957—   ），幼年习艺，曾在柯桥中学文艺演出上表演调吊，后从事其他工作。

（2）金月珍（1959—   ），幼年习艺，毕业于浙江师范学院体育系，在金华一带享有声名，毕业后曾在浙江邮电专科学校执教，是调吊唯一的女性传承人，已移居国外。曾撰写论文《调吊运动》，专门研究调吊。

（3）金光侠（1962—   ），幼年习艺，坚持不懈地练习，以调吊健身为乐，在金融系统工作。2008年1月被认定为调吊项目的省级代表性传承人，2011年在绍兴市"非遗"传承基地优秀节目展演中表演调吊。致力于调吊资料的收集、整理、展示以及调吊技艺的传承。

2. 浙江绍剧团对调吊的传承

第一代：

（1）韩一虎（生卒年不详），师承不详。早期绍剧团武功演员，曾演过《男吊》。

（2）六龄童（章宗义）（1924—　　　），通过观看调吊艺人的表演自学动作，猴戏表演艺术大师，国家一级演员。1951年9月25日，在上海文艺界举行的鲁迅诞辰七十周年纪念活动上演过《男吊》。

（3）十三龄童（王振芳）（1933—　　　），国家一级演员，生于绍剧世家。20世纪40年代，在上海同春舞台学戏时，心仪调吊绝技，在金氏调吊传承人金新发表演时，自记动作，后向金新发讨教技艺，掌握了七十二吊动作。1956年，在上海参加纪念鲁迅逝世二十周年活动，演出多场"调吊"；1961年，参加在北京举行的纪念鲁迅诞辰八十周年活动，曾受到周恩来总理和其他中央领导人的接见。

第二代：

（1）戴立峰（1967—　　　），绍剧团第二代调吊传承人，在十三龄童（王振芳）的指点下，通过刻苦努力，掌握了调吊的基本技艺，多次在省、市有关鲁迅纪念活动和上山下乡时演出《调吊》。

（2）王坚蕾（1967—　　　），十三龄童之子，受其父指点，学会了调吊的部分技艺。但目前已不从事该演出。

第三代：

杨钦锋（1989—　　　），绍剧团第三代传承人，师从戴立峰学习调吊。近年来是浙江绍剧团男吊表演的主要演员。

3. 嵊州前良村对调吊的传承

第一代：年代久远，无法查考。

第二代：年代久远，无法查考。

第三代：

吕梅占（1905—1966），嵊州市黄泽镇前良村第三代目连戏传承人之一，主演《男吊》等。1956年，前良村赴上海演出，吕梅占是当时的调吊演员。吕梅占育有三子，只有一子传承了调吊技艺。

第四代：

吕香海（1942—　　　），吕梅占之子，从小跟随父亲学习调吊技艺，在父亲去世的前一年，学到了调吊最难的关键性动作，传承了父亲调吊的全部技艺。曾指导新昌调腔剧团的学员学习调吊。

第五代：

（1）吕春波（1969—　　　），吕香海长子，原为村中砖匠，后到上虞工作。吕春波二十来岁时跟随父亲学习调吊技艺，大概学会了三十多个动作。曾于1990年日本学者前来前良村考察时表演调吊，目前基本不参加表演。

（2）吕春荣（1971—　　　），吕香海次子，目前在萧山工作。跟随父亲学艺，掌握了三十多个调吊动作，目前基本不参加表演。

（3）吕伟义（1993—　　　），吕香海之孙。已参军，初中时师从祖父学习调吊，已学会调吊的部分动作。

4. 新昌调腔剧团对调吊的传承

第一代：

杨柯彪（约1924—?），新昌调腔剧团成立时的第一批团员，会武功，剧团表演目连戏时由他演男吊，会完整表演七十二吊的动作。大约于1959年离开调腔剧团，20世纪90年代在临海去世。

第二代：

屠福伟（1973年生）、竺常松（1973年生）、吕元炯（1975年生）、周立铭（1975年生）、陈旭东（1972年生）、田敏（1974年生），此六人均为调腔培训班1987年招收的学员。自杨柯彪离开调腔剧团后，剧团里无人会调男吊，因此，邀请嵊州前良村的吕香海前来教授。屠福伟2007年被认定为绍兴目连戏的市级代表性传承人，2009年调到嵊州市越剧艺术学校任教。吕元炯、周立铭两人也于2010年离开了新昌调腔剧团。田敏于2013年被认定为绍兴目连戏的市级代表性传承人。

第三代：

谢日超（1994年生）、陈涛（1994年生）、张杰（1995年生），此三人均为新昌调腔中专班2007级学员，为新昌调腔剧团培养的第三代调吊演员。目前，谢日超已经熟练掌握调吊技艺，并参加过剧团排

练的《红神》演出。

除以上人员外，上虞、新昌等地尚有少数没有经过系统学习，但能表演部分调吊动作的人员，这里不再一一列举。

[贰]调吊的代表性传承人

1.国家级代表性传承人金寿昌

金氏家族，是全国仅有的"调吊"世家。自清代同治年间金家第一代有名的调吊艺人金阿祥始创"调吊"以来，迄今已有百多年的历史；距鲁迅先生巨笔记述"男吊"，已近八十年。调吊技艺传至金寿康、金寿昌兄弟，已是第三代。

金寿昌（1933— ），又名金长林，艺名"筱燕飞"。七岁起和兄长一起随父习艺，十三岁参加演出。新中国成立后客串过浙江绍剧团、易风绍剧团、同兴绍剧团、新民绍剧团等剧团的调吊演出。年轻时臂力过人，颇受父亲器重；父亲金新友弥留之际，传授了三个高、难、险

调吊的国家级代表性传承人金寿昌

的保留动作，分别为：蜘蛛放丝、倒挂紫金钟、上下滚丝转。其后，金寿昌对"调吊"表演程式和技艺又有扩增，把"七十二吊"发展成"一百零八吊"。

在金寿昌的演艺和运动生涯中，还有一门技艺是"飞车走壁"。1960年，他创建了"赤岸飞车走壁团"，自任主要表演者。该团是当时全国仅有的六家"飞车团"之一，技艺精湛，誉满江浙，声名波及福建、江西等地，1963年因故解散。

金寿昌育有四子二女，有二子一女习艺。他继承父亲庭训，训练子女，习艺要求"动作规范，速度快，连贯优美"。在调吊的传承中，金寿昌倾注了很多心血，是金氏调吊世家第三代至第四代的唯一传薪人，为调吊绝技的延续和发展发挥了重要作用。

金寿昌七十岁时表演调吊

金寿昌原以经营人力车行为业，公私合营时，他的车行被组合进了"柯桥铁业社"，1982年退休于绍兴汽配总厂。金寿昌的

金寿昌八十岁时表演调吊

金寿昌国家级代表性传承人证书

子女，均已成家立业，事业有成。

新中国成立后，金寿昌兄长金寿康曾代表浙江省参加"华东区第一届人民体育运动大会"，荣获表演优胜纪念奖。由于调吊是吊布上单独一人表演的项目，金寿昌无缘参加表演，但对调吊技艺携手与共的追求和切磋，"军功章"里也有他一份功劳。金氏家族曾收到贺龙副总理对"调吊"表演的嘉奖信。1955年，"调吊"曾获浙江省第一届民间古典音乐舞蹈观摩演出大会奖状；1961年鲁迅诞辰八十周年，还参加了杭州东坡剧院的"调吊"演出。

2002年初，金寿昌在七十寿诞前夕，经过充分准备，毅然跃上吊布，录制了珍贵的视频资料。七十岁的老人，在吊布间时而钻出，时而翻滚，时而飞旋，吊出了"左腾身"、"右腾身"、"双线一字"、"海底捞月"、"双钩"、"翻马射箭"、"太公钓鱼"等精彩动作，可谓宝刀不老！这也为"调吊"成功申报国家级非物质文化遗产名录提供了十分珍贵的视频资料。2011年2月，金寿昌先生已年近八旬，寿诞在即，依然训练"含蚓弹腾"、"前叉架"、"双线一字"、"蜻蜓点水"、"左右滚丝"等各种调吊的动作程式。依然灵敏的身体，敏捷的动作，足见他年轻时功底的深厚。

金寿昌不仅是一位调吊技艺的继承人与传薪人，而且还是一位虔诚的佛教徒。2014年6月，他在绍兴市会稽山龙华寺，慨然出资捐建高为40米的六角七层佛塔一座，了却了他平生的夙愿。慈悲之心，让人敬畏。

2. 省级代表性传承人金光侠

在金氏调吊世家有记载的传承谱系中，金光侠是第四代传承人的代表。

金光侠（1962—　　），六岁时在父亲金寿昌的严格训导下，开始每天早晚两次的下腰、倒立、支撑等基本功练习，十余岁时已熟练掌握了独轮车、木砖顶、翻跟斗等技艺，随后开始在自家挂在屋梁上的吊布上，进行调吊动作的练习。初始练习时，尽管身体常常被吊

金光侠调吊表演照（1989年）

金光侠调吊表演照（2011年）

布摩擦得红肿而疼痛难忍，但是他仍然坚持每天练习。经过十年的磨炼，十五岁时他已全面掌握了调吊的核心技艺。而后的几年里，凭着他良好的体能和悟性，又发展出了如"单手水平"、"悬十字"、"前后回滚"等十几个高难动作，使调吊动作更趋惊险，也更富美感。

青少年时期，金光侠曾在柯桥中学的文艺汇演中表演过调吊。成

金光侠精心打造的调吊传习所

年后在本地基层银行工作，三十年间，偶有参与系统内文艺晚会，表演调吊。作为调吊世家的第四代传承人，从接受调吊技艺训练始，就从未间断过练习，并对该技艺有很深的体会。多年来，他还对调吊的历史渊源和传承谱系进行了认真的整理，积累了大量的史料，特别是涉及重大赛事的历史记录，更是精心保存。对调吊、目连戏等均有较多的研究心得。2008年，调吊申报国家级非物质文化遗产名录，金光侠提供了翔实的文字和音像资料，为申报的成功打下了良好的基础。

金光侠目前已年届五旬，但体能尚存，幼功不废。2011年2月，在金寿昌八十寿诞的宴会舞台上，二百多人观赏了金光侠精彩的调吊表演；同年6月，又在绍兴市非物质文化遗产传承基地优秀节目展演上，表演了调吊的部分动作程式，并接受了绍兴市电视台的专访。2014年1月，由当地金融机构主办的慈善爱心活动文艺汇演上，金光侠再次登台，为来自社会各界人士两千余人表演调吊，精湛的表演得到了广泛的好评。

调吊的保护

在二百多年的历史发展阶段中，调吊的生存状况经历了开创期、发展期、鼎盛期、衰落期等不同时期的变化。从历史的纵向发展来看，与20世纪40年代之前相比，无论是演员的人数，还是演出的频率，都已大不如前。但从当前整体情况来看，调吊的存续现状还是值得欣喜的。

调吊的保护

非物质文化遗产，随着社会的发展，其生存的环境也时刻发生着变化。在二百多年的历史发展阶段中，调吊的生存状况经历了开创期、发展期、鼎盛期、衰落期等不同时期的变化。从历史的纵向发展来看，与20世纪40年代之前相比，无论是演员的人数，还是演出的频率，都已大不如前。但从当前整体情况来看，调吊的存续现状还是值得欣喜的。一是绍兴各地尚有多名调吊技艺的传承人；二是金氏调吊世家保留了许多珍贵的资料；三是部分调吊的传承人仍在坚持练习并参加演出。这使调吊保护工作的开展，特别是调吊的传承工作有了极好的基础。

[壹]调吊的存续现状

1. 现代文明的冲击

传统文化，有其产生和发展的特殊土壤。在特定的历史条件下，某一事件才会出现和存在。最近的一百多年来，社会的飞速发展，使社会形态、文化环境、娱乐方式等，发生了巨大的变化，现代人的审美观念和生活方式也产生了翻天覆地的变迁，在这大变迁中，许多传统文化失去了生存和发展的良好土壤，调吊也是如此。

2. 文化环境的剧变

　　庙会民俗活动在清末至新中国成立前流行于江浙一带,调吊作为庙会活动的惊险戏,有很大的感召力,为老百姓所喜闻乐见。但新中国成立后受极左路线的干扰,庙会民俗活动曾一度绝迹,目前,绍兴及附近地区庙会民俗活动从形式到内容都已发生了很大变化,传统的调吊表演也已极少出现。同样地,作为《男吊》形式存在于目连戏中的调吊表演,也随着目连戏的停演而销声匿迹几十年。演出班社纷纷解散,艺人们陆续去世,使传承人的培养出现断层。自20世纪八九十年代前后,才逐渐重新培养调吊下一代传承人,实现薪火相传。但是,要想恢复以前庙会活动、社戏演出中调吊表演的盛况,

民间庙会活动

已经成了不可能的奢望。

3. 调吊传承人的现实情况

因社会快速的现代化转型,调吊的自然传承遭遇了前所未有的危机。调吊的学习需要具备长期的练习和"幼功"以及较高的身体素质和条件,更需要极大的毅力。因此,新传承人的培养较为困难,技艺的保持也比较困难。随着老一辈传承人相继去世,目前,掌握调吊完整技艺的传承人越来越少,三位健在的老一辈艺人金寿昌、王振芳、吕香海均已七八十岁高龄。掌握完整技艺的金光侠正值壮年,是金氏调吊世家第四代传人之一。金寿昌曾在2002年3月七十岁寿诞时上台表演录制了影像资料;八十岁寿诞时,表演了部分动作;目前已八十二岁高龄,依然监督指导后辈学艺。上虞、新昌县胡卜村虽有调吊传人,但都久未练习,更是几十年来未参加表演,急需培养新人。浙江绍剧团、新昌调腔剧团、嵊州前良村均有新人的培养,但部分新人技艺学习不够完整,部分新人身体条件不足,没有保持在最佳状态,不能像老一辈传承人那样一口气完成完整的七十二个动作,尚需加以刻苦练习,才有望达到老一辈传承人的表演水平。

[贰]调吊的保护与传承

一、新中国成立以来,市、县各级政府多次组织专业和业余演员排演调吊节目,分别赴京、沪、杭及本市、县举办纪念演出、体育比赛。

二、20世纪80年代，体育部门曾对调吊进行调查，在《绍兴市志》和《浙江体育史料》等文献中留下了较为详细的记录。

三、1985年，苏州大学摄制组拍摄电视资料片《绍兴目连戏三出》（即《男吊》、《女吊》、《无常》）。

四、20世纪80年代，因十大集成编撰的需要，各省开展详细的调查，上虞市三十多名业余演员和文化馆工作人员经排练后，拍摄了演出录像，为后人留下了珍贵的哑目连演出资料。

五、1990年4月，由浙江省艺术研究所、嵊县文化局、新昌调腔剧团三家合作，新昌调腔剧团的潘兆民和浙江省艺术研究所的陆小秋负责，重排前良目连戏部分精彩剧目，拍摄了录像，保留下前良目

上虞市文化馆对哑目连的调查

工作人员在胡卜村调查

连戏珍贵资料。

　　六、20世纪七八十年代，金氏调吊第三代传承人金寿昌培养二子一女金国梁、金光侠、金月珍传承调吊绝技。20世纪八九十年代，新昌调腔剧团、浙江绍剧团分别培养了戴立峰、屠福伟、田敏、竺常松、吕元炯、周立铭、陈旭东等数名调吊传承人，前良村的吕香海也培养两个儿子吕春波、吕春荣学习了调吊技艺。21世纪，上述两个专业剧团又分别先后培养了杨钦锋、谢日超、陈涛、张杰等调吊传承人。同时，前良村的调吊传承人吕香海又把技艺传授给孙子吕伟义，使调吊技艺薪火相传。

　　七、金氏调吊世家整理调吊资料。几十年来，金氏调吊传人金光侠一直注重收集调吊的各类资料，包括新闻报道、各类介绍文章、出版期刊、有关书籍等纸质资料，以及金氏家族成员参加调吊演出的有关照片、录像，参加各类比赛所获得的奖状、奖章、秩序册，内容丰富。近年来还对所有资料进行了系统的整理和数字化处理。

八、2006年，绍兴市文化馆开展对调吊的调查，采访传承人，收集调吊的有关资料，申报省级、国家级非物质文化遗产保护名录。

前良村目连戏老艺人王林铨保存的目连戏演出录音资料

金氏调吊第三代传人金寿昌、第四代传人金光侠与著名绍剧表演艺术家六龄童合影

2007年6月，调吊列入浙江省第二批非物质文化遗产保护名录，2008年6月，列入第二批国家级非物质文化遗产保护名录。

九、2007年6月，绍兴市越城区、新昌县、嵊州市联合申报的非物质文化遗产项目"绍兴目连戏"进入浙江省第二批非物质文化遗产保护名录，其中，男吊是目连戏中的经典出目。

十、2007年，浙江绍剧团、新昌调腔剧团、嵊州市黄泽镇前良村被认定为绍兴目连戏的传承基地。2012年，经过重新申报和评审，上述三家单位和马山镇被绍兴市文广局认定为绍兴目连戏的传承基地，开展对目连戏的保护和传承工作，包括对调吊的保护和传承。

　　十一、2007年6月，绍兴市文广局公布第一批市级代表性传承人名单，金寿昌、金光侠被确定为调吊的代表性传承人。经绍兴市文广局推荐，金氏调吊传承人金寿昌、金光侠父子于2008年1月被认定为调吊的省级代表性传承人，金寿昌又于2009年5月被认定为调吊的国家级代表性传承人。

　　十二、2011年4月，传承人金光侠发起创立了"绍兴市金寿昌调吊传习所"，出资200余万元建造传习所场地，并对调吊的各类资料梳理后，用展板和音像的形态进行了展示。同年，经绍兴市文广局推荐，"绍兴市金寿昌调吊传习所"被国家文化部确认为调吊的保护责任单位。金寿昌之子金光侠欲把传习所打造成传播调吊文化、传

2011年，金光侠参加非物质文化遗产传承基地优秀节目展演（摄于绍兴剧院）

习调吊技艺的场所。传习所选址在绍兴县湖塘街道。

十三、2011年6月，绍兴市组织非物质文化遗产传承基地优秀节目展演，绍兴市群艺馆、新昌调腔剧团、绍兴市塔山中心小学、绍兴市车恂如小学、上虞小越镇小、上虞上浦镇中、嵊州甘霖镇、诸暨西施故里、金寿昌调吊传习所等十一家单位参加了演出，省级代表性传承人金光侠作为金寿昌调吊传习所的代表，表演了调吊，精彩吊技得到观演专家和群众的一致好评，绍兴市电视台还对传承人金光侠进行了专题采访。

十四、2011年10月，为贯彻浙江省文化厅《关于实施国家级非物质文化遗产项目"八个一"保护措施的通知》精神，制订了调吊"十二五"时期（2011—2015）保护规划书。通过对预期目标的实施和保护，使调吊项目得到有效的保护和发展。

十五、2012年6月，绍兴市文广局、非物质文化遗产保护中心在钟堰庙组织大型水乡社戏民俗活动，演出以钟堰庙戏台为主场地，马太守庙戏台、城市广场戏台、马山镇东安村戏台、柯岩风景区鲁镇戏台、鲁迅故里戏台等为分场地，绍剧、越剧、诸暨西路乱弹、新昌调腔等极具绍兴地域特色的传统声腔剧种在这六个戏台轮番上演。其中，绍兴目连戏的市级代表性传承人屠福伟演出《男吊》。中国文联研究员刘锡诚、中国人民大学教授祁庆富、华东师范大学教授陈勤建、杭州师范大学研究员顾希佳等国家非物质文化遗产专家委

2012年，马太守庙戏台演社戏

2012年，屠福伟参加社戏演出

马山镇群乐农民艺术团演出目连戏《调无常》

马山镇群乐农民艺术团演出《女吊》

员会专家莅临现场，对绍兴传统的水乡社戏活动赞叹不绝。活动当天，参加现场摄影比赛的一百多名摄影爱好者，用镜头捕捉、记录一个个精彩的瞬间，在各类媒体上广泛报道，对水乡社戏起到了极大的宣传作用，同时宣传了国家级保护项目调吊。

十六、2012年8月，由绍兴市文广局主办，马山镇人民政府、绍兴市非物质文化遗产保护中心联合承办的"绍兴市保护传承非物质文化遗产成果展演暨2012年绍兴目连（折子）戏专场演出"，在鲁迅的外婆家——孙端镇皇甫庄村开演。当晚，马山镇群乐农民艺术团为村民们表演了目连戏中的部分经典折子戏，《王婆骂鸡》、《女吊》、《男吊》、《张蛮打爹》、《调无常》、《哑背疯》、《滑油山》等传统节目吸引了村民们的视线，村中的老人纷纷感叹，又看到了几十年没有看到的好戏。

十七、2013年，绍兴市文广局、非物质文化遗产保护中心再次组织水乡社戏大型活动。此次活动是"非遗十年 美丽绍兴"系列活动之一，于9月26日，以钟堰庙戏台为主场地，马山镇东安村戏台、鲁迅故里戏台、柯岩风景区鲁镇戏台等传承基地为分场地，组织绍剧、绍兴目连戏、绍兴鹦哥戏、新昌调腔、越剧等演出，新昌调腔剧团谢日超参加了《男吊》表演。

十八、自2013年年底以来，嵊州市非物质文化遗产保护中心组织对前良村目连戏的抢救性复排，复排传统出目《出骗》、《舍钗》、

《男吊》、《女吊》、《白神》等，对复排过程进行了全程录像。其中复排男吊的演员为吕香海之子吕春波。吕春波因早年手臂受伤，留下后遗症，表演动作受到了较大影响，但仍在复排中拍摄了部分男吊动作。

　　十九、2014年3月25日晚，一场原汁原味的绍兴目连戏（部分出目）演出专场在嵊州市黄泽镇前良村上演。这是绍兴市文广局与绍兴市非物质文化遗产保护中心近年来开展目连戏抢救性保护的成果。该专场演出集合了嵊州前良村目连戏班、新昌胡卜村目连戏班、

新昌调腔剧团谢日超饰演"男吊"

浙江绍剧艺术研究院杨钦锋饰演"男吊"

绍兴市马山镇群乐农民艺术团、新昌调腔剧团、上虞东关民间艺术团等专业剧团和民间班社共同参演,演出传统出目二十出。在这些出目中,由新昌调腔剧团谢日超表演的《男吊》吸引了全场观众的高度关注,谢日超表演了三十六个动作程式,使演出达到一个高潮。

二十、2014年6月8日晚,第九届浙江省非物质文化遗产节暨2014"浙江好腔调"传统戏剧系列展演《目连传奇》专场演出在新昌县文化中心举行,新昌调腔剧团和来自开化、绍兴、嵊州、上虞等地的演员,表演了《大庆寿》、《男吊》、《女吊》、《白神》等十多个节目。其中,饰演男吊的演员为浙江绍剧艺术研究院的杨钦锋。

二十一、2014年年初以来,浙江绍剧艺术研究院对目连戏进行了重新编排,撷取了《奈何桥》、《男吊》、《女吊》、《调无常》、《白猿救母》五个折子戏,在传统目连戏基础上去芜存菁,在最大程度保留目连戏表现特性的基础上,整理挖掘和重组融合这一古老戏剧表演形式。7月1日晚,在绍剧艺术中心举行《目连戏专场》首演,该场演出饰演男吊的演员为青年演员杨钦锋。

附录: 相关文献

1936年出版的鲁迅《且介亭杂文末编》中的《女吊》一文, 详细记录了鲁迅在四十年前观看目连戏演出中的《男吊》、《女吊》等场景。

1981年, 黄中海先生多次采访了金寿康、金寿昌, 撰写了《男吊》一文, 1981年收录于《鲁迅作品中的绍兴风貌》一书中, 是目前流布最广的文献。

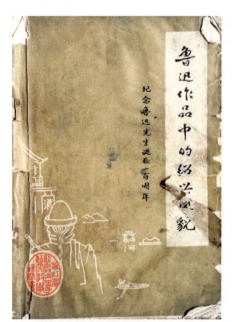

1981年出版的《鲁迅作品中的绍兴风貌》

1982年, 绍兴市体育史研究小组花费两个月时间, 组织金寿昌、金国梁、许耿燕数人详细调研和整理了"调吊"的主要动作程式, 后发表于第一期《浙江体育史料》上, 载有图示二十九幅, 照片一帧; 同期有曹赤梁《浙江民间体育的一颗明珠》一文的介绍。

1985年,《戏曲研究》第十六辑中,刊登有绍兴戏曲研究专家罗萍先生的文章《浙东民间哑剧——"哑目莲"》,文章对流存于上虞的哑目莲有详细的记录,并有对"男吊"的相关介绍。

1987年,陶仁坤主编《绍兴实用大全》,在体育运动一栏有条目介绍。

1990年,国家体委、国家民委主编,广西出版的《中华民族传统体育志》有许赤文撰写的详细条目"调吊",载有四幅图示。

1996年,《绍兴市志》出版,第五册第四十卷详细载录了绍兴市体育史研究小组的二十九幅图示,并有相关介绍。

1999年,《绍兴县志》第三册第三十三篇,在"目连戏"一节中提及"男吊"。

2001年,《浙江体育史料》第三十五期,发表的《调吊——浙江民间戏曲和中华传统体育的奇葩》,记录了"金氏调吊"的传承并考证了鲁迅何时看到调吊。

2001年7月,黄中海先生撰著的《鲁迅与方志敏》一书,有《在鲁迅作品中的绍兴戏文·男吊》一文,比较详细地记载了调吊的演绎过程和金氏世家的调吊历史。

2003年4月,《浙江省体育志》第一篇"民族传统体育"第五章第四节中,记载了"调吊"历史。

《绍兴实用大全》

《中华民族传统体育志》

　　2005年1月，寿永明、裘士雄编《鲁迅与社戏》一书，内有多篇文章介绍了调吊（或男吊）。

　　2007年1月，王振芳著《绍兴乱弹从艺录》出版，书中载有调吊七十二个动作图表。

　　2007年6月，李永鑫先生主编的《绍兴市非物质文化遗产读本》，在第六篇"杂技与竞技"类"调吊"的记载中，介绍了"金氏调吊"的历史，载有六帧照片，其中金寿昌的"飞车走壁"剧照引作该

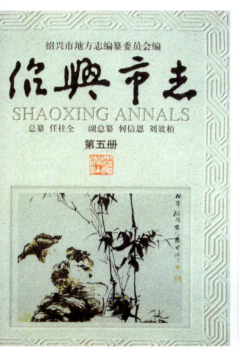

《绍兴市志》

《浙江体育史料》

篇封面。

2010年12月,在何兴元先生的《何兴元回文诗选》中,载有两帧金氏调吊传承人的调吊动作照片,并附"中华瑰宝始祥续新 绝技传世益寿增光"之书法。

2011年11月,浙江省政协文史资料委员会编撰出版《我与"非遗"的故事》,在第九章"传统体育、游艺与杂技"中,以金寿昌口述的形式,撰写了《独门绝技代代传》一文,记录了"金氏家族"从艺调

《鲁迅与社戏》

《绍兴市非物质文化遗产读本》

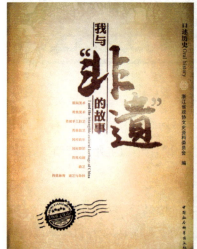

《我与"非遗"的故事》

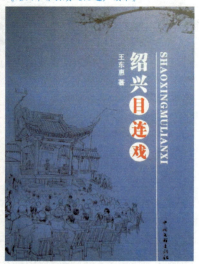

《绍兴目连戏》

吊的历史，载有九帧照片。

2012年7月，新昌人王东惠对绍兴目连戏作了详细的调查研究后，撰写了《绍兴目连戏》一书，书中也有对调吊（男吊）的详细阐述。

后 记

　　2008年6月，国务院下发《国务院关于公布第二批国家级非物质文化遗产名录和第一批国家级非物质文化遗产扩展项目名录的通知》（国发【2008】19号文件），调吊被列入第二批国家级非物质文化遗产保护名录。这是绍兴迄今为止唯一一个进入"传统体育、杂技与竞技"类别的国家级项目，为记录调吊这份珍贵的非物质文化遗产，本书根据"浙江省非物质文化遗产代表作丛书"编纂委员会制定的编撰出版方案的要求，拟定编撰方案和提纲，组织人员认真编写。

　　调吊，其惊险独特的表演历来为观众所喜爱，但对调吊的记录和研究却甚少。本书编撰过程中，工作人员在收集和整理前人研究成果的同时，分别赴上虞、嵊州、新昌等地深入调查，与调吊传人面对面交流，从而掌握了较为翔实和丰富的资料。

　　在本书编写过程中，得到多方人士的大力支持。浙江绍剧艺术研究院、上虞市文化馆、新昌县非物质文化遗产保护中心、新昌调腔剧团、新昌胡卜村、嵊州市文化馆、嵊州市黄泽镇文化站、嵊州前良村等有关单位为工作人员的调查提供了诸多方便；同时，感谢调吊和目连戏的多位专家、传人，为本书提供许多线索和资料。杭州师范大学研究员顾希佳先生对书稿进行了终审，并进行了详细的指导。同时，本书还参考了罗萍先生的《浙东民间哑剧——"哑目连"》、王振芳先生的《绍兴乱弹从艺录》、王东惠女士的《绍兴目连戏》，并引用了部分研究成果。此外，石永彬、何鸿飞、吕葆真等老师、专家也为本书提供了许多珍贵的资料，在此一并表示感谢！

编者认为，要全面、系统地阐述和评价调吊有着很大的难度，本书的不足之处，恳请专家、学者及广大读者批评指正。

本书摄影及照片提供：金光侠、王东惠、陈晓、章斐然、季海波、胡方华等。

编　者

2014年9月

本书编委会名单

主　　编：杨志强

副主编：胡华钢　范机灵　吴双涛

编　　委：俞　斌　陈　晓　张彩霞
　　　　　　王东惠

责任编辑：潘洁清

装帧设计：任惠安

责任校对：朱晓波

责任印制：朱圣学

装帧顾问：张　望

图书在版编目（ＣＩＰ）数据

调吊 / 杨志强主编；金光侠, 俞斌, 魏兴海编著
. -- 杭州：浙江摄影出版社, 2014.11（2023.1重印）
（浙江省非物质文化遗产代表作丛书 / 金兴盛主编）
ISBN 978-7-5514-0736-6

Ⅰ.①调… Ⅱ.①杨… ②金… ③俞… ④魏… Ⅲ.
①传统体育项目—介绍—浙江省 Ⅳ.①G85

中国版本图书馆CIP数据核字（2014）第223585号

调　吊

杨志强　主编　金光侠　俞　斌　魏兴海　编著

全国百佳图书出版单位
浙江摄影出版社出版发行
　　　地址：杭州市体育场路347号
　　　邮编：310006
　　　网址：www.photo.zjcb.com
制版：浙江新华图文制作有限公司
印刷：廊坊市印艺阁数字科技有限公司
开本：960mm×1270mm　1/32
印张：5
2014年11月第1版　　2023年1月第2次印刷
ISBN 978-7-5514-0736-6
定价：40.00元